책 속 음원
바로 듣기!

음원 듣기 & 단어챈트 영상

남다른 학습법으로
기적 같은 실력을 보장하는

기적의 영어리딩

체계적인 6단계 커리큘럼

	1 with 파닉스	2 with 주제 어휘	3 with 문장 패턴
목표	큰소리 리딩으로 문자 해독력을 높여요	리딩의 재미를 알며 기초 어휘력을 쌓아요	필수 문형을 접하며 문장 이해력을 높여요
리딩 소스	일상 이야기, 만화, 동화, 서사 논픽션 읽기	일상 이야기, 만화, 동화, 서사 논픽션 읽기	초대장, 포스터, 규칙 등의 정보·지식이 결합된 스토리 읽기
난이도	AR 0.5~1.0 Lexile BR~50 Words 50~70 (6p)	AR 0.7~1.5 Lexile 25~200 Words 70~90 (6p)	AR 1.3~2.3 Lexile 125~400 Words 90~110 (4p)
성취 수준	기초 어휘 180개	초등 3~4학년 교과서 수준 필수 어휘 180개	초등 5~6학년 교과서 수준 필수 어휘 200개

✓ 독해력 성장의 핵심 과정을 탄탄하게 밟아가는 6단계 리딩 프로그램

✓ 기적만의 3-Step 완전학습 시스템으로 확실한 학습 성과를 보장!

✓ 새 교육과정을 연계한 콘텐츠로 리딩 기초부터 중학 수준까지 저절로 완성!

✓ 적정 학습분량과 친절한 학습안내로 혼자서도 끝까지 완주 가능

4 with 문장 구조

다양한 글감을 읽으며 문장 구성력을 키워요
일상 소재의 실용문, 짧은 논픽션 읽기
AR 2.3~3.3 Lexile 420~620 Words 100~130
고학년 독해력 완성

5 with 문법

글을 논리적으로 이해하여 핵심을 파악해요
교과 연계된 최신 소재의 정보글 읽기
AR 3.0~3.9 Lexile 550~680 Words 130~150
예비중 리딩 · 문법 통합

6 with 서술형 영작

읽은 내용을 바탕으로 정리하는 표현력을 길러요
교과 연계된 최신 소재의 정보글, 의견글 읽기
AR 3.7~4.7 Lexile 650~780 Words 150~180
중학 독해 · 서술형 시험 대비

리딩 첫 시작부터 독해력 완성까지!

기본 다지기 — 영어와 친해지는 스토리 리딩으로 기본 바탕을 튼튼히!

기적의 영어리딩 Level 1~3

- 초등 저학년의 영어 성장을 위한 리딩 기초 학습서
- 일상 이야기, 카툰, 동화 등 흥미로운 스토리로 리딩을 즐겁게 시작
- 따라가면 저절로 학습이 완성되는 3-STEP(읽기-이해-확장) 매일 학습
- 리딩의 기본기를 탄탄히 하는 파닉스 → 어휘 → 문장을 순차적으로 강화

실력 완성하기 — 논픽션 리딩으로 읽고 이해하고 표현하는 힘 기르기!

기적의 영어리딩 Level 4~6

- 초등 고학년의 문해력 완성과 중학 영어로의 연결을 돕는 리딩 심화 학습서
- 다양한 실용문과 정보글을 읽으며 글의 구조를 시각화하고 핵심을 파악하는 힘 강화
- 읽은 내용을 바탕으로 정리하고 표현하는 서술형 영작 훈련
- 문장 구조 → 논리적 이해 → 표현력 확장으로 이어지는 단계별 아웃풋 설계

p.23

p.26

It's time to wash up.

It's time to sleep.

It's time to play.

Lily looks in the closet.

p.39

p.42

The cap is yellow.

The pants have two pockets.

The boots are purple.

The backpack is red and orange.

p.55

p.58

He is my gardening teacher.

He is my exercise teacher.

She is my cooking teacher.

She is my math teacher.

I am his reading teacher.

p.75

p.78

I smell a flower.

I hear a bird singing.

I see dark clouds.

I taste a donut.

p.91

p.94

I am a tiger.

I am a camel.

I am an alligator.

I am a penguin.

p.107

p.110

But one is big and gray.

"Can I eat with you?"

"Can I swim with you?"

"I am a beautiful swan!"

2B

짧은 문장 읽기
AR 0.7~1.5

기적의 영어리딩

with 주제 어휘

길벗스쿨

기적만의 3-Step 완전학습 시스템

읽고, 이해하고, 확장하는 3-Step 시스템으로 겉핥기가 아닌 진짜 실력을 키웁니다. 하나의 지문을 3단계에 걸쳐 깊이 있게 학습하면서 콘텐츠를 제대로 소화합니다. 동시에, 리딩의 기본 바탕이 되는 파닉스-어휘력-문장력을 차례로 강화합니다. 단순한 읽기를 넘어 문해력 성장을 위한 핵심 학습이 통합적으로 이루어지는 학습법입니다.

Step 1. 읽기

단어 익히기

스토리 지문을 이해하는 데 필수적인 키워드를 먼저 학습합니다.

스토리 리딩

몰입하여 즐길 수 있는 흥미로운 스토리를 담아, 반복하여 듣고 읽는 동안 단어와 표현을 쉽게 체화합니다.

Step 2. 이해

내용 확인 문제

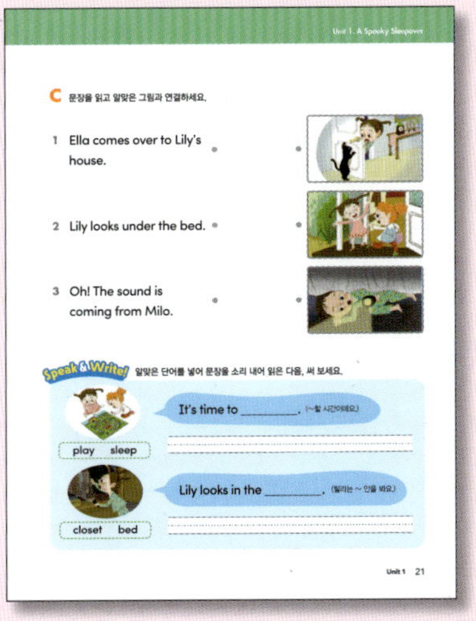

다양한 유형의 문제를 통해 읽은 내용을 충분히 이해하고, 단어 및 문장을 반복 학습하게 됩니다.

Step 3. 확장

주제 어휘 학습

실력을 한층 더 성장시키는 확장 학습 단계입니다.
Level 2에서는 스토리 주제와 연관된 단어들을 추가로 익히며 어휘량을 풍부하게 늘려 갑니다.

Contents

Level 2-B

✦ How to Study ✦

재미있는 스토리를 읽으며
주제별 어휘와 기초 문형으로 독해의 기초를 다집니다!

Level 2는 학습자가 흥미를 이어갈 수 있도록 스토리 기반 지문으로 구성하였습니다. 다양한 일러스트가 내용을 쉽게 이해하도록 도와주며, 반복해서 등장하는 문장 패턴을 통해 기초 문형을 자연스럽게 익힐 수 있습니다.

독해 실력을 키우는 첫걸음은 풍부한 어휘력에 있습니다. Level 2에서는 초기 학습자가 꼭 알아야 할 기초 단어에 더해 주제별 어휘까지 확장하여 어휘량을 풍부하게 늘리도록 합니다. 즐겁게 스토리를 따라 읽으며 기초 문형과 어휘력, 두 가지를 동시에 잡아 보세요.

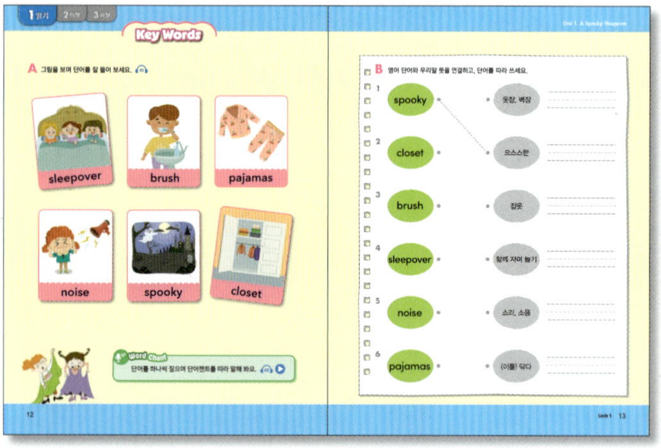

Step 1. 읽기
핵심 단어를 익힌 다음 지문 따라 읽기

❶ **[Key Words]**에서 핵심 단어의 발음을 듣고 뜻과 철자를 익혀요.

❷ 신나는 **[단어 챈트]**를 반복해서 들으며 단어를 확실히 익혀요.

❸ 간단한 액티비티를 풀며 단어를 즐겁게 복습해요.

❹ 세 가지 버전의 Read Aloud 가이드 음원을 들으며, 스토리 지문을 듣고 따라 읽어요.

[스토리 듣기] 오디오를 잘 들으며 어떤 내용인지 살펴봐요.

[집중 듣기] 손가락으로 하나씩 짚으며 글자에 집중하여 들어요.

[따라 읽기] 직접 소리내어 읽어봐요. 들려주는 문장을 한 줄씩 따라 읽어보세요.

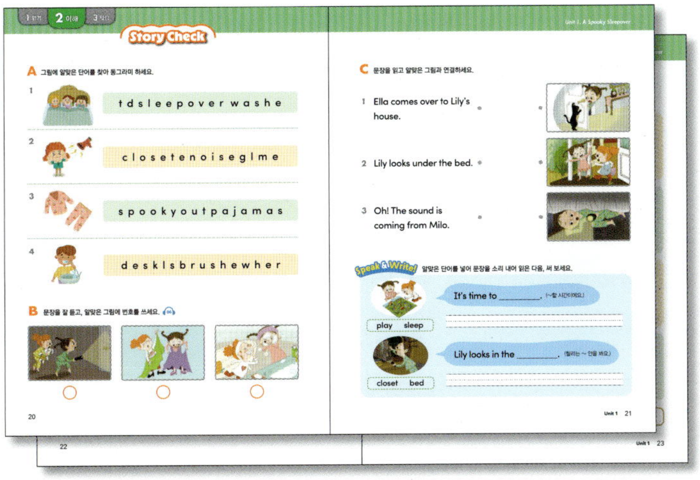

Step 2. 이해
문제를 풀며 지문을 제대로 이해하기

❶ [Story Check]에서는 여러 유형의 문제를 풀며 스토리의 흐름과 내용을 제대로 이해해요. 문제 속에서 단어와 문장을 반복해 만나며 영어표현을 자연스럽게 익혀요.

❷ 문제 풀이 후 **[별책]** 정답지를 참고하여 채점하고 틀린 문제를 확인해요.

Step 3. 확장
주제별 어휘 학습 후, 스스로 소리내어 읽기

❶ [Theme Words]에서, 주제 연관 단어를 추가 학습합니다.

❷ 단어의 뜻과 철자 쓰기를 연습한 다음, 배운 단어를 활용해 내 생각을 표현해 봅니다.

❸ [I Can Read] 스스로 소리 내어 읽기 연습을 해요. 직접 소리내서 읽을수록 리딩 실력이 좋아집니다.

[Review Test] 리뷰 테스트 2회분이 포함됩니다. Unit 1~3에 대한 테스트와 Unit 4~6에 대한 테스트로 영어 실력을 확인해 볼 수 있어요.

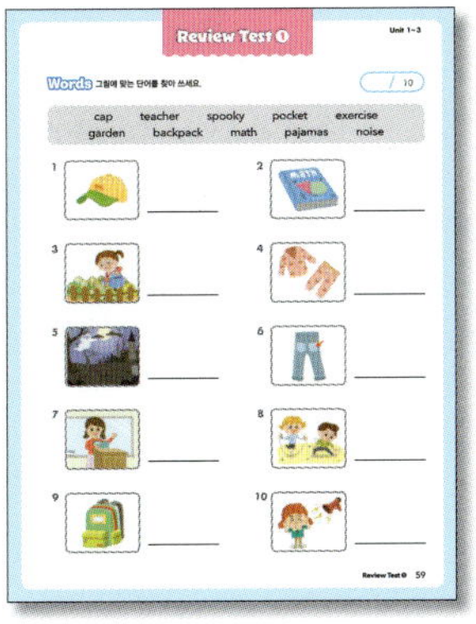

[별책: Practice Book] 단어·문장 쓰기, 딕테이션, 주제 어휘에 관련해 선택적으로 보충학습을 할 수 있습니다.

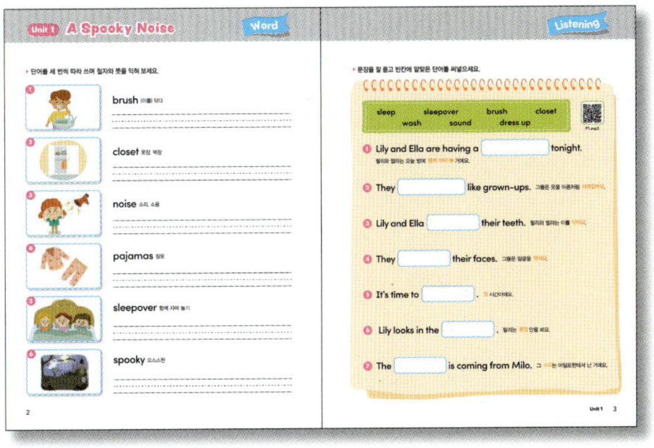

Study Plan

학습 완주를 위해 미리 학습계획을 세워 보세요.
주 5일 학습하여 한 달 완성하기, 또는 주 3일 학습하여 6주 완성하기!
나에게 맞는 계획은 어느 쪽인가요? 목표를 세운 다음, 아래 진도표를 따라 공부해 보세요.

주 5일 학습 스케줄

4 Week

Week 1	Unit 1 **Step 1** 읽기 본책 p.12~19 별책 p. 2 ◯월◯일	Unit 1 **Step 2** 이해 본책 p. 20~23 별책 p. 3 ◯월◯일	Unit 1 **Step 3** 확장 본책 p. 24~26 별책 p. 4~5 ◯월◯일	Unit 2 **Step 1** 읽기 본책 p. 28~35 별책 p. 6 ◯월◯일	Unit 2 **Step 2** 이해 본책 p. 36~39 별책 p. 7 ◯월◯일
Week 2	Unit 2 **Step 3** 확장 본책 p. 40~42 별책 p. 8~9 ◯월◯일	Unit 3 **Step 1** 읽기 본책 p. 44~51 별책 p.10 ◯월◯일	Unit 3 **Step 2** 이해 본책 p. 52~55 별책 p.11 ◯월◯일	Unit 3 **Step 3** 확장 본책 p. 56~58 별책 p.12~13 ◯월◯일	Review Test 1 본책 p. 59~62 ◯월◯일
Week 3	Unit 4 **Step 1** 읽기 본책 p. 64~71 별책 p.14 ◯월◯일	Unit 4 **Step 2** 이해 본책 p. 72~75 별책 p.15 ◯월◯일	Unit 4 **Step 3** 확장 본책 p. 76~78 별책 p.16~17 ◯월◯일	Unit 5 **Step 1** 읽기 본책 p. 80~87 별책 p.18 ◯월◯일	Unit 5 **Step 2** 이해 본책 p. 88~91 별책 p.19 ◯월◯일
Week 4	Unit 5 **Step 3** 확장 본책 p. 92~94 별책 p. 20~21 ◯월◯일	Unit 6 **Step 1** 읽기 본책 p. 96~103 별책 p. 22 ◯월◯일	Unit 6 **Step 2** 이해 본책 p.104~107 별책 p. 23 ◯월◯일	Unit 6 **Step 3** 확장 본책 p.108~110 별책 p. 24~25 ◯월◯일	Review Test 2 본책 p.111~114 ◯월◯일

6 Week

주 3일 학습 스케줄

Week 1 Unit 1	**Step 1** 읽기 본책 p.12~19 별책 p. 2	**Step 2** 이해 본책 p. 20~23 별책 p. 3	**Step 3** 확장 본책 p. 24~26 별책 p. 4~5	
	◯월◯일	◯월◯일	◯월◯일	
Week 2 Unit 2	**Step 1** 읽기 본책 p. 28~35 별책 p. 6	**Step 2** 이해 본책 p. 36~39 별책 p. 7	**Step 3** 확장 본책 p. 40~42 별책 p. 8~9	
	◯월◯일	◯월◯일	◯월◯일	
Week 3 Unit 3	**Step 1** 읽기 본책 p. 44~51 별책 p.10	**Step 2** 이해 본책 p. 52~55 별책 p.11	**Step 3** 확장 본책 p. 56~58 별책 p.12~13	**Review Test 1** 본책 p. 59~62
	◯월◯일	◯월◯일	◯월◯일	◯월◯일
Week 4 Unit 4	**Step 1** 읽기 본책 p. 64~71 별책 p.14	**Step 2** 이해 본책 p. 72~75 별책 p.15	**Step 3** 확장 본책 p. 76~78 별책 p.16~17	
	◯월◯일	◯월◯일	◯월◯일	
Week 5 Unit 5	**Step 1** 읽기 본책 p. 80~87 별책 p.18	**Step 2** 이해 본책 p. 88~91 별책 p.19	**Step 3** 확장 본책 p. 92~94 별책 p. 20~21	
	◯월◯일	◯월◯일	◯월◯일	
Week 6 Unit 6	**Step 1** 읽기 본책 p. 96~103 별책 p. 22	**Step 2** 이해 본책 p.104~107 별책 p. 23	**Step 3** 확장 본책 p.108~110 별책 p. 24~25	**Review Test 2** 본책 p.111~114
	◯월◯일	◯월◯일	◯월◯일	◯월◯일

Read Aloud를 위한 4가지 음원

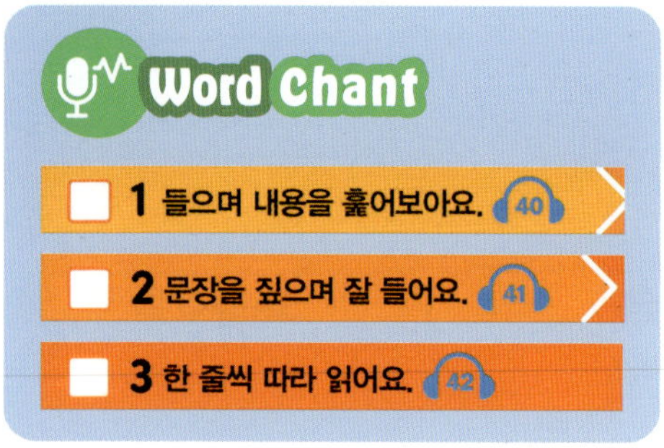

- 읽기 준비를 위한 [단어 챈트]
- 그림과 함께 [스토리 듣기]
- 글자를 짚으며 [집중 듣기]
- 한 문장씩 [따라 읽기]

길벗스쿨 e클래스 에서 오디오 바로 듣기

eclass.gilbut.co.kr에서 학습에 필요한 모든 음원를 제공합니다.
오디오 번호를 찾아 한 번만 탭하면 단어와 스토리를 바로 들을 수 있어요.

학습의 재미를 더하는 스티커 활동!

그림 스티커를 붙이며 단어·문장을 익혀요.

Unit 1

A Spooky Sleepover

STEP 1 읽기	STEP 2 이해	STEP 3 확장
핵심 단어를 익혀서 스토리 듣고 읽기	읽은 내용을 점검하며 스토리 이해하기	주제별 필수 어휘를 익혀서 어휘력 강화하기

Key Words

A 그림을 보며 단어를 잘 들어 보세요. 01

sleepover

brush

pajamas

noise

spooky

closet

Word Chant

단어를 하나씩 짚으며 단어챈트를 따라 말해 봐요. 02

B 영어 단어와 우리말 뜻을 연결하고, 단어를 따라 쓰세요.

	영어 단어	우리말 뜻
1	spooky	옷장, 벽장
2	closet	으스스한
3	brush	잠옷
4	sleepover	함께 자며 놀기
5	noise	소리, 소음
6	pajamas	(이를) 닦다

A Spooky Sleepover

Lily and Ella are having
a sleepover tonight.
Ella comes over to Lily's house.

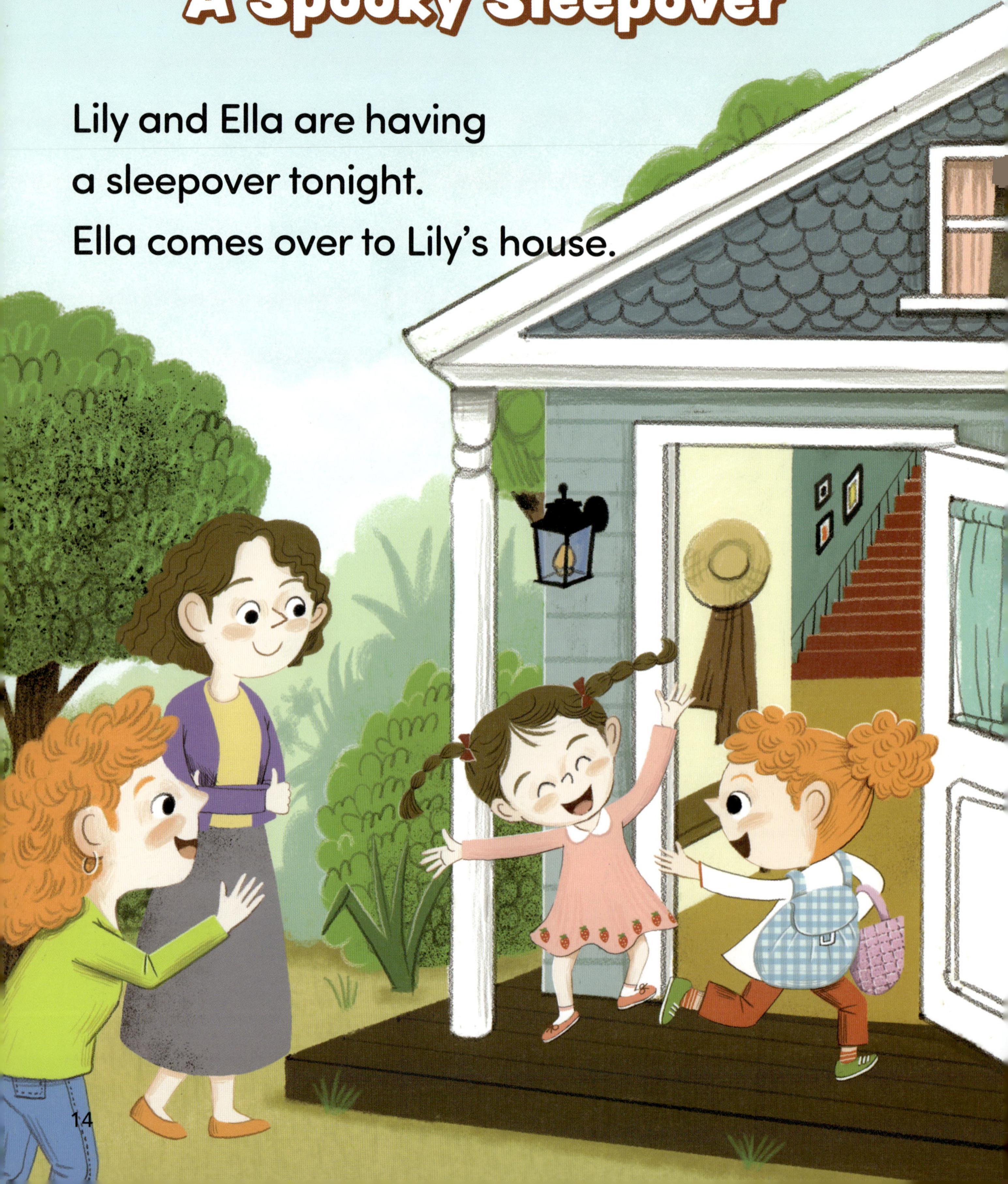

★It's time to play.
Lily and Ella play
fun games.

They dress up
like grown-ups.

★It's time to ... ~할 시간이에요

It's time to wash up.

Lily and Ella brush their teeth.

They wash their faces.

It's time to sleep.
Lily and Ella put on their pajamas.
They get in bed.

Wait!
They hear a noise.
A spooky noise.

★Lily looks under the bed.

Lily looks in the closet.

Lily and Ella tiptoe to the door.

★ Lily looks (under/in) ...
릴리는 ~ (아래를/안을) 봐요

Oh! The sound is coming from Milo.

Lily, Ella, and Milo fall asleep together.

Story Check

A 그림에 알맞은 단어를 찾아 동그라미 하세요.

1 

t d s l e e p o v e r w a s h e

2 

c l o s e t e n o i s e g l m e

3 

s p o o k y o u t p a j a m a s

4 

d e s k l s b r u s h e w h e r

B 문장을 잘 듣고, 알맞은 그림에 번호를 쓰세요. 06

C 문장을 읽고 알맞은 그림과 연결하세요.

1 Ella comes over to Lily's house. •

2 Lily looks under the bed. •

3 Oh! The sound is coming from Milo. •

• 

• 

• 

Speak & Write! 알맞은 단어를 넣어 문장을 소리 내어 읽은 다음, 써 보세요.

play sleep

It's time to ________. (~할 시간이에요.)

closet bed

Lily looks in the ________. (릴리는 ~ 안을 봐요.)

D 문장을 읽고, 이야기 순서에 맞는 그림의 기호를 쓰세요.

a

b

c

d

○ Ella comes over to Lily's house.

↓

○ Lily and Ella brush their teeth.

↓

○ They hear a noise. A spooky noise.

↓

○ Lily, Ella, and Milo fall asleep together.

으스스한 소리가 들리자 Lily는 어디를 살펴 보았나요? 모두 골라 보세요.

☐ in the closet ☐ under the bed ☐ on the table

E 들으며 빈칸을 채운 다음, 내용에 맞는 그림 스티커를 찾아 붙이세요. 07

1

sticker

It's time to p________.
Lily and Ella play fun games.
They dress up like grown-ups.

2

sticker

It's time to wash up.
Lily and Ella b________ their teeth.
They wash their faces.

3

It's time to s________.
Lily and Ella put on their p________.
They get in bed.
Wait! They hear a noise.

4

sticker

Oh! The sound is coming from Milo.
Lily, Ella, and Milo fall a________ together.

pajamas	brush	sleep	play	asleep

Theme Words

Everyday Actions

일상에서 자주 하는 동작 단어들을 잘 듣고, 단어를 따라 쓰세요. 08

1 play

p

2 wash

w

3 brush

b

4 look

l

5 hear

h

6 sleep

s

◆Lily와 Ella는 어떤 동작을 하고 있나요? 단어를 써 보세요.

씻다

wa ☐ ☐

보다

l ☐ ☐ k

놀다

☐ ☐ ay

(이를) 닦다

br ☐ ☐ ☐

듣다

h ☐ ☐ r

(잠을) 자다

☐ ☐ ee ☐

What do you do before bed?

여러분은 자기 전에 무엇을 하나요?

I ______________________________.

I Can Read

A Spooky Sleepover

sticker

Lily and Ella play fun games.
They dress up like grown-ups.

sticker

Lily and Ella brush their teeth.
They wash their faces.

sticker

Lily and Ella put on their pajamas.
They get in bed.
Wait! They hear a noise.

Lily looks under the bed.

sticker

Lily and Ella tiptoe to the door.

Oh! The sound is coming from Milo.
Lily, Ella, and Milo fall asleep together.

Self-Check

- [ ] 스티커를 바르게 붙였어요.
- [ ] 주요 단어의 뜻을 잘 알아요.
- [ ] 막힘 없이 술술 읽었어요.

알맞은 문장 스티커를 붙여 글을 완성하고,
큰 소리로 읽어 보세요.
오디오를 들으며 잘 읽었는지 확인해 보세요. 09

Unit 2

Finding Charlie

STEP 1 읽기	STEP 2 이해	STEP 3 확장
핵심 단어를 익혀서 스토리 듣고 읽기	읽은 내용을 점검하며 스토리 이해하기	주제별 필수 어휘를 익혀서 어휘력 강화하기

Key Words

A 그림을 보며 단어를 잘 들어 보세요. 10

cap

T-shirt

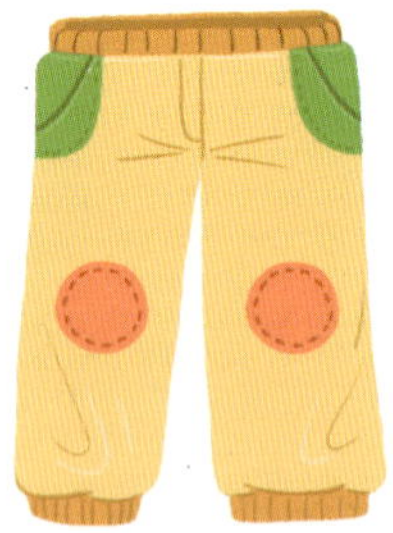

pants

pocket

backpack

purple

Word Chant

단어를 하나씩 짚으며 단어챈트를 따라 말해 봐요. 11

B 영어 단어와 우리말 뜻을 연결하고, 단어를 따라 쓰세요.

1	backpack	•	• 보라색의, 보라색	
2	pants	•	• (챙이 달린) 모자	
3	purple	•	• 바지	
4	cap	•	• 배낭, 책가방	
5	T-shirt	•	• 주머니	
6	pocket	•	• 티셔츠	

Finding Charlie

Charlie and I came downtown.
But now Charlie is gone!
Where are you, Charlie?

I’m looking for Charlie.

★ He’s wearing a cap.

The cap is yellow.

★ He’s wearing ... 그는 ~을 입고/쓰고/신고 있어요

Charlie is wearing a green T-shirt.

★ I'm looking for his green T-shirt.

He's wearing blue pants.

The pants have two pockets.

★ I'm looking for ... 나는 ~을 찾고 있어요

Charlie is wearing a backpack.

The backpack is red and orange.

I'm looking for his backpack.

Oh, one more thing!
Charlie is wearing boots.
The boots are purple.
I'm looking for his purple boots.

There he is!

He's next to the toy store!

Charlie is waving at me.

Story Check

A 그림에 알맞은 단어를 찾아 동그라미 하세요.

1 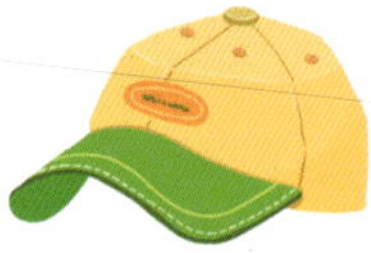

t w a h a p n d p c a p z i p p

2 

p u r p l e p o c k e t y a r d

3 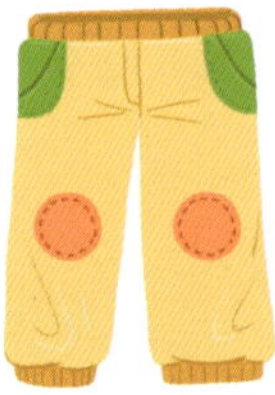

d p a n t s k i r t d s o c k s

4 

c u p b a c k p a c k i c a p z

B 문장을 잘 듣고, 알맞은 그림에 번호를 쓰세요. 15

C 알맞은 단어에 동그라미 하여 문장을 완성하세요.

1

The (cap / backpack) is yellow.

2

Charlie, (how / where) are you?

3

Charlie is wearing a (red / green) T-shirt.

Speak & Write! 알맞은 단어를 넣어 문장을 소리 내어 읽은 다음, 써 보세요.

pants socks

He's wearing blue ________.
(그는 파란 ~을 입고 있어요.)

T-shirt cap

I'm looking for his yellow ________.
(나는 그의 노란 ~을 찾고 있어요.)

D 그림과 문장이 일치하면 True, 일치하지 않으면 False에 동그라미 하세요.

She's wearing yellow pants.

True False

The backpack is red and orange.

True False

I'm looking for Charlie.

True False

He's wearing glasses.

True False

Charlie가 입은 티셔츠는 무슨 색인가요?

☐ green ☐ yellow ☐ purple ☐ brown

E 들으며 빈칸을 채운 다음, 내용에 맞는 그림 스티커를 찾아 붙이세요. 16

1

sticker

Charlie and I came downtown.
But now Charlie is gone!
W________ are you, Charlie?

2

I'm looking for Charlie.
He's wearing a c________.
The cap is yellow.

3

Oh, one more thing!
Charlie is wearing b________.
The boots are purple.
I'm looking for his p________ boots.

4

sticker

There he is!
He's next to the t________ store!
Charlie is waving at me.

boots	cap	toy	purple	where

Theme Words

Colors

색깔을 나타내는 단어들을 잘 듣고, 단어를 따라 쓰세요. 17

1 red

r

2 orange

o

3 yellow

y

4 green

g

5 blue

b

6 purple

p

◆ 다음 두 가지의 공통된 색깔은 무엇인가요? 단어를 써 보세요.

노랑색

yel ___ ___ ___

주황색

___ ran ___ ___

빨강색

___ e ___

보라색

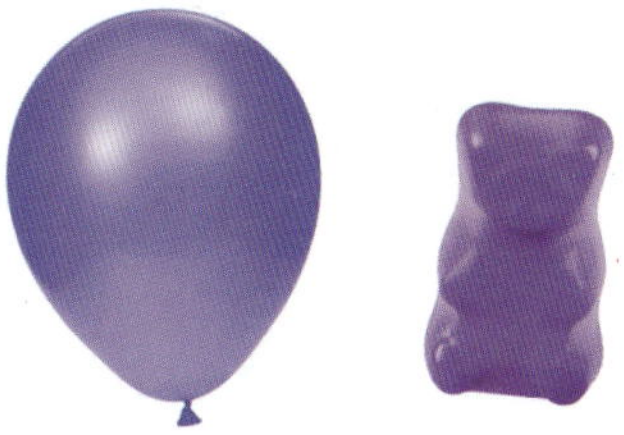

___ ___ ___ ple

초록색

___ ___ ee ___

파랑색

bl ___ ___

What is your favorite color?

여러분은 어떤 색을 제일 좋아하나요?

My favorite color is ____________________.

Finding Charlie

I'm looking for Charlie.
He's wearing a **cap** .

sticker

Charlie is wearing a green **T-shirt** .
I'm looking for his green T-shirt.
He's wearing blue **pants** .

sticker

Charlie is wearing a **backpack** .

sticker

I'm looking for his backpack.

Oh, one more thing!
Charlie is wearing **boots** .

sticker

I'm looking for his purple boots.

Self-Check

- ☐ 스티커를 바르게 붙였어요.
- ☐ 주요 단어의 뜻을 잘 알아요.
- ☐ 막힘 없이 술술 읽었어요.

😊 알맞은 문장 스티커를 붙여 글을 완성하고,
큰 소리로 읽어 보세요.
오디오를 들으며 잘 읽었는지 확인해 보세요. 18

Unit 3

Teachers at Home

STEP 1 읽기
핵심 단어를 익혀서
스토리 듣고 읽기

STEP 2 이해
읽은 내용을 점검하며
스토리 이해하기

STEP 3 확장
주제별 필수 어휘를 익혀서
어휘력 강화하기

Key Words

A 그림을 보며 단어를 잘 들어 보세요. 19

teacher

exercise

cook

garden

math

plant

Word Chant

단어를 하나씩 짚으며 단어챈트를 따라 말해 봐요. 20

B 영어 단어와 우리말 뜻을 연결하고, 단어를 따라 쓰세요.

1	math	운동, 운동하다
2	exercise	수학
3	cook	교사
4	plant	요리하다
5	teacher	식물
6	garden	정원 가꾸기를 하다, 정원

Teachers at Home

My house is full of teachers!
They're the best teachers ever!

★This is my father.
He is my exercise teacher.

He shows me how to stretch.

★This is my ... 이분은 나의 ~예요

This is my mother.

★She is my cooking teacher.

She shows me how to make yummy food.

★She is my ... teacher. 그녀는 나의 ~ 선생님이에요

This is my grandfather.
He is my gardening
teacher.

We water flowers and plants.

This is my sister Jennie.
She is my math teacher.

She helps me with numbers.

This is my brother Jack.

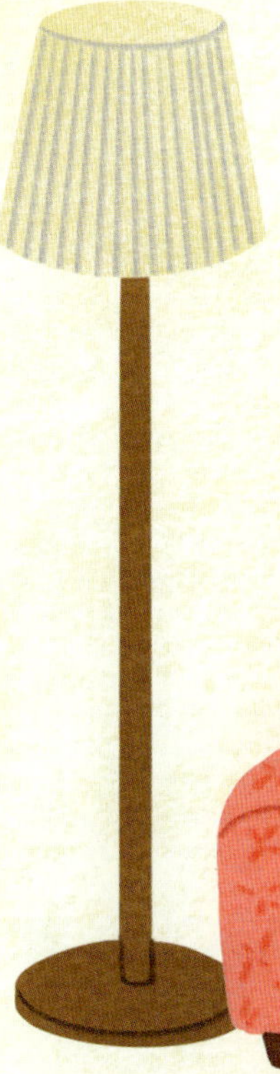

I am his reading teacher.

I read him fun storybooks.

In my family, we are all teachers.

Story Check

A 그림에 알맞은 단어를 찾아 동그라미 하세요.

1 

t o p e g a r d e n m p h e l p

2 

p o w t e a c h e r s e p l a y

3 

d t e a c h c o o k e p l a n t

4 

e x e r c i s e f o s i m a t h

B 문장을 잘 듣고, 알맞은 그림에 번호를 쓰세요. 24

C 알맞은 단어에 동그라미 하여 문장을 완성하세요.

1

This is my (brother / grandfather).
He is my gardening teacher.

2
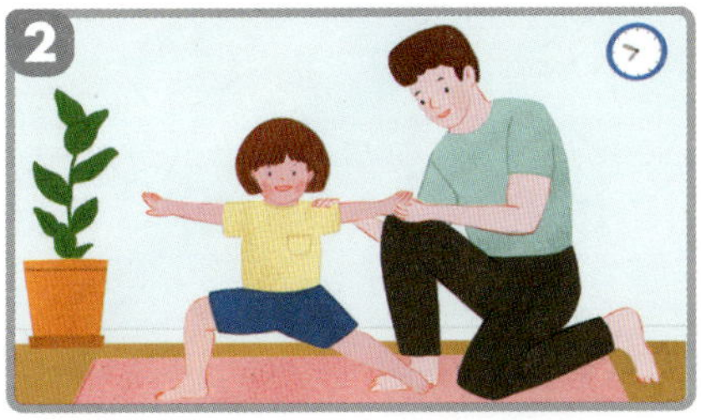

This is my father.
He is my (exercise / gardening) teacher.

3

She is my sister.
She (plays / helps) me with numbers.

Speak & Write! 알맞은 단어를 넣어 문장을 소리 내어 읽은 다음, 써 보세요.

father mother

This is my ________. (이분은 나의 ~예요.)

math cooking

She is my ________ teacher. (그녀는 나의 ~ 선생님이에요.)

D 그림과 문장이 일치하면 True, 일치하지 않으면 False에 동그라미 하세요.

1

My father shows me how to cook.

True　False

2

This is my brother Jack.

True　False

3

My mother shows me how to make yummy food.

True　False

4

My sister shows me how to stretch.

True　False

주인공은 남동생 Jack에게 어떤 선생님인가요?

☐ exercise teacher　☐ reading teacher

E 들으며 빈칸을 채운 다음, 내용에 맞는 그림 스티커를 찾아 붙이세요. 25

1

My house is full of t________!
They're the best teachers ever!

2

sticker

This is my father.
He is my e________ teacher.
He shows me how to s________.

3

sticker

This is my grandfather.
He is my gardening teacher.
We w________ flowers and plants.

4

sticker

This is my b________ Jack.
I am his reading teacher.
I read him fun storybooks.

exercise	brother	teachers	stretch	water

Theme Words

Family

가족과 관련된 단어들을 잘 듣고, 단어를 따라 쓰세요. 26

1 father
f

2 mother
m

3 grandfather
g

4 grandmother
g

5 brother
b

6 sister
s

◆ 가족 구성원을 나타내는 단어를 써 보세요.

언니, 누나, 여동생

sis ___ ___ ___

형, 오빠, 남동생

br ___ th ___ ___

아버지

___ a ___ ___ er

할아버지

gra ___ ___ fa ___ ___ ___ ___

어머니

___ ___ th ___ ___

할머니

___ ___ and ___ ___ ther

Tell me about your family.

여러분의 가족은 몇 명인가요? 가족 구성원을 써 보세요.

There are ______ people in my family.
My ______________________________ and me.

Teachers at Home

This is my **father**.

sticker

He shows me how to **stretch**.

This is my **mother**.

sticker

She shows me how to make yummy food.

This is my **grandfather**.

sticker

We water **flowers** and plants.

This is my **sister** Jennie.

sticker

She helps me with numbers.

This is my **brother** Jack.

sticker

I read him fun storybooks.

알맞은 문장 스티커를 붙여 글을 완성하고,
큰 소리로 읽어 보세요.
오디오를 들으며 잘 읽었는지 확인해 보세요. 27

Self-Check

- ☐ 스티커를 바르게 붙였어요.
- ☐ 주요 단어의 뜻을 잘 알아요.
- ☐ 막힘 없이 술술 읽었어요.

Review Test ①

Words 그림에 맞는 단어를 찾아 쓰세요. / 10

cap	teacher	spooky	pocket	exercise
garden	backpack	math	pajamas	noise

1  ____________

2 

____

3  ____________

4  ____________

5  ____________

6  ____________

7  ____________

8  ____________

9  ____________

10  ____________

Comprehension A 문장을 읽고 알맞은 그림의 기호를 쓰세요.

/ 6

1 This is my grandfather. ◯

2 The backpack is red and orange. ◯

3 They brush their teeth. ◯

4 They hear a noise. ◯

5 She is my math teacher. ◯

6 He's wearing red pants. ◯

Comprehension B 그림을 보고 알맞은 문장에 V 표시를 하세요.

/ 6

1 

☐ The boots are green.

☐ The boots are purple.

2 

☐ We water flowers and plants.

☐ We make yummy food.

3 

☐ Lily looks under the bed.

☐ Lily looks in the closet.

4 

☐ She is my cooking teacher.

☐ She is my reading teacher.

5 

☐ It's time to wash up.

☐ It's time to sleep.

6 

☐ He's next to the toy store!

☐ He's next to the hospital!

정답 ▶ 별책 p.40

Theme Words 그림을 보고 알맞은 단어를 빈칸에 쓰세요.

/ 9

Family

1 
b ________

2 
mother

3 

s ________

4 
f ________

Colors

5 
p ________

6 
g ________

7 
o ________

8 
red

Everyday Actions

9 
sleep

10 
l ________

11 
w ________

12 
p ________

Unit 4

A Day of Senses

STEP 1 읽기	STEP 2 이해	STEP 3 확장
핵심 단어를 익혀서 스토리 듣고 읽기	읽은 내용을 점검하며 스토리 이해하기	주제별 필수 어휘를 익혀서 어휘력 강화하기

Key Words

A 그림을 보며 단어를 잘 들어 보세요. 28

cloud

sing

taste

donut

soft

tummy

Word Chant

단어를 하나씩 짚으며 단어챈트를 따라 말해 봐요. 29

B 영어 단어와 우리말 뜻을 연결하고, 단어를 따라 쓰세요.

	영어 단어	우리말 뜻
1	sing	도넛
2	taste	노래하다, (새가) 지저귀다
3	cloud	맛을 보다
4	donut	구름
5	tummy	배
6	soft	(촉감이) 부드러운

★What do you see?

★What do you ...?
당신은 무엇을 ~하나요?

What do you hear?

What do you smell?

What do you taste?

What do you touch?

I hear something.
Oh! My tummy is growling.
Grrgle...
It's time for pizza!

Story Check

A 그림에 알맞은 단어를 찾아 동그라미 하세요.

1 

s w e t e o s i n g o f b e a r

2 

f d o n u t u c a n d y l y o u

3 

e y e b a c k n t u m m y n t o

4 

h a r d g r s o f t s e e o n g

B 문장을 잘 듣고, 알맞은 그림에 번호를 쓰세요. 33

C 알맞은 단어에 동그라미 하여 문장을 완성하세요.

1

Now I see the (bright / dark) sun.

2

I (hear / taste) a donut.
It is sweet!

3

I touch my teddy bear.
It feels (soft / wet).

Speak & Write! 알맞은 단어를 넣어 문장을 소리 내어 읽은 다음, 써 보세요.

smell hear

What do you __________? (당신은 무엇을 ~하나요?)

a car, honk
a bird, sing

I hear __________ __________ing.
(나는 …가 ~하는 소리가 들려요.)

D 그림과 문장이 일치하면 True, 일치하지 않으면 False에 동그라미 하세요.

1

The girl hears a car honking.

True False

2

The boy sees bright clouds.

True False

3

The girl's tummy is growling.

True False

4

Ants taste a flower.

True False

소년은 어떤 소리를 듣고 "It sounds beautiful."이라고 말했나요?

☐ a singing bird ☐ a honking car

E 들으며 빈칸을 채운 다음, 내용에 맞는 그림 스티커를 찾아 붙이세요. 34

1

What do you hear?

Boy: I h________ a bird singing.

It sounds beautiful.

2

sticker

What do you smell?

Boy: I smell a f__________.

Girl: Wait! I smell something, too!

3

sticker

What do you taste?

Girl: I taste a d________.

It is sweet!

Boy: The ants taste it, too.

4

sticker

What do you touch?

Girl: I t________ my teddy bear.

It feels s________.

flower	soft	touch	hear	donut

Theme Words

Five Senses

오감과 관련된 단어를 잘 듣고, 단어를 따라 쓰세요. 35

2 hear

h

1 see

s

3 smell

s

4 taste

t

5 touch

t

◆그림을 보고 알맞은 감각 단어를 써 보세요.

냄새를 맡다

sm ___ ___ ___

보다

s ___ ___

만지다

___ ou ___ ___

맛보다

ta ___ ___ ___

듣다

h ___ ___ ___

What do you see, hear, smell, taste, or touch?

여러분은 지금 무엇을 보고, 듣고, 냄새 맡고, 맛보고, 만질 수 있나요?

I see ______________. I hear ______________.

I smell ______________. I taste ______________.

I touch ______________.

I Can Read

A Day of Senses

What do you see?

Boy: sticker

Girl: Now I see the bright **sun**.

What do you hear?

Boy: sticker

Girl: I hear a **car** honking.

What do you smell?

Boy: sticker

Girl: Wait! I smell something, too!

What do you taste?

Girl: sticker

Boy: The **ants** taste it, too.

What do you touch?

Girl: I touch my **teddy bear**.

It feels soft.

Girl: Oh no! Now it feels **wet**.

Self-Check

- ☐ 스티커를 바르게 붙였어요.
- ☐ 주요 단어의 뜻을 잘 알아요.
- ☐ 막힘 없이 술술 읽었어요.

알맞은 문장 스티커를 붙여 글을 완성하고,
큰 소리로 읽어 보세요.
오디오를 들으며 잘 읽었는지 확인해 보세요. 36

Unit 5

Guess What I Am!

STEP 1 읽기	STEP 2 이해	STEP 3 확장
핵심 단어를 익혀서 스토리 듣고 읽기	읽은 내용을 점검하며 스토리 이해하기	주제별 필수 어휘를 익혀서 어휘력 강화하기

Key Words

A 그림을 보며 단어를 잘 들어 보세요. 37

Word Chant

단어를 하나씩 짚으며 단어챈트를 따라 말해 봐요. 38

B 영어 단어와 우리말 뜻을 연결하고, 단어를 따라 쓰세요.

	영어 단어	우리말 뜻
1	desert	남극
2	wetland	사막
3	Antarctica	습지
4	forest	지구
5	Earth	숲
6	grassland	초원

Guess What I Am!

I am the king of the animals.
Guess what I am!

★I am a lion.
I live in the grasslands.

★ I am a[an] ... 나는 ~예요

I have wings, but I can't fly.
Guess what I am!

I am a penguin.
★I live in Antarctica.

★I live in[on] ... 나는 ~에 살아요

I have a hump with fat inside.
Guess what I am!

I am a camel.
I live in the desert.

I have a big mouth
and sharp teeth.
Guess what I am!

I am an alligator.
I live in the wetlands.

I have stripes.
I am a great hunter.
Guess what I am!

I am a tiger.
I live in the forests.

I am brave.
I grow every day.
Guess what I am!

It's ME!
I am a boy.
I live on Earth.

Story Check

A 그림에 알맞은 단어를 찾아 동그라미 하세요.

1 

k z s t w e t l a n d d r y l i

2 

d p a i r g r a s s l a n d p e

3 

b o x i n t f o r e s t w e s t

4 

l u b i n d e s e r t a s l t r

B 문장을 잘 듣고, 알맞은 그림에 번호를 쓰세요. 42

C 알맞은 단어에 동그라미 하여 문장을 완성하세요.

1

I am a (lion / penguin).
I live in Antarctica.

2

I am an alligator.
I live in the (desert / wetlands).

3

I am a boy. I live on (Earth / Antarctica).

Speak & Write! 알맞은 단어를 넣어 문장을 소리 내어 읽은 다음, 써 보세요.

lion boy

I am a ___________. (나는 ~ 예요.)

wetlands forests

I live in the ___________. (나는 ~에 살아요.)

D 그림과 문장이 일치하면 True, 일치하지 않으면 False에 동그라미 하세요.

1. Tigers live in the desert.

True False

2. Alligators live in the wetlands.

True False

3. Penguins have wings and can fly.

True False

4. Camels have a hump with fat inside.

True False

사자는 주로 어디에서 살까요?

☐ grasslands ☐ wetlands ☐ Antarctica

E 들으며 빈칸을 채운 다음, 내용에 맞는 그림 스티커를 찾아 붙이세요. 43

1

sticker

I am the king of the animals.

Guess what I am!

I am a l________.

I live in the g________.

2

sticker

I have a big mouth and sharp teeth.

Guess what I am!

I am an a________.

I live in the wetlands.

3

sticker

I have stripes. I am a great hunter.

Guess what I am!

I am a tiger.

I live in the f________.

4

I am brave. I grow every day.

Guess what I am!

It's ME!

I am a boy. I live on E________.

forests	Earth	lion	grasslands	alligator

Theme Words

Wild Animals

야생동물의 이름을 잘 듣고, 단어를 따라 쓰세요. 44

❶ lion

l

❷ penguin

p

❸ camel

c

❹ alligator

a

❺ tiger

t

❻ elephant

e

◆ 다양한 장소에서 서식하는 야생동물들을 살펴보고, 단어를 써 보세요.

악어

alli□□□□□

코끼리

ele□□□nt

낙타

ca□□□

펭귄

□□□guin

호랑이

ti□□□

사자

□□on

Where do your favorite animals live?

여러분이 좋아하는 동물은 어디에 사나요?

______________s[es] live in the ______________.

I Can Read

Guess What I Am!

I am the king of the animals.
I am a **lion**.
I live in the **grasslands**.

I have wings, but I can't fly.
sticker
I live in **Antarctica**.

I have a hump with fat inside.
sticker
I live in the **desert**.

I have a big mouth and sharp teeth.
sticker
I live in the **wetlands**.

I have stripes. I am a great hunter.
sticker
I live in the **forests**.

알맞은 문장 스티커를 붙여 글을 완성하고,
큰 소리로 읽어 보세요.
오디오를 들으며 잘 읽었는지 확인해 보세요. 45

Self-Check

- ☐ 스티커를 바르게 붙였어요.
- ☐ 주요 단어의 뜻을 잘 알아요.
- ☐ 막힘 없이 술술 읽었어요.

Unit 6

The Ugly Duckling

STEP 1 읽기	STEP 2 이해	STEP 3 확장
핵심 단어를 익혀서 스토리 듣고 읽기	읽은 내용을 점검하며 스토리 이해하기	주제별 필수 어휘를 익혀서 어휘력 강화하기

Key Words

A 그림을 보며 단어를 잘 들어 보세요. 46

duckling

gray

ugly

lonely

spring

swan

Word Chant

단어를 하나씩 짚으며 단어챈트를 따라 말해 봐요. 47

B 영어 단어와 우리말 뜻을 연결하고, 단어를 따라 쓰세요.

1	gray	백조
2	swan	봄
3	ugly	회색의
4	duckling	못생긴
5	spring	외로운
6	lonely	오리 새끼

☐ 1 들으며 내용을 훑어보아요. 48 ☐ 2 문장을 짚으며 잘 들어요. 49 ☐ 3 한 줄씩 따라 읽어요. 50

The Ugly Duckling

A mother duck lays eggs.

The eggs hatch.

The ducklings are yellow and cute.

But one is big and gray.

★"Can I play with you?" asks the Ugly Duckling.
"No, you are ugly," say the other ducklings.

He feels sad.

★ Can I ... with you? 내가 너와[너희와] 함께 ~해도 될까?

Summer comes!

The other ducklings swim in the pond.

★He feels lonely.

★He feels ... 그는 ~하다고 느껴요

Fall comes!

The other ducklings are eating together.

He feels hungry.

Winter comes!

The water turns to ice.

The other ducklings rest on the ice.

He feels sad.

Spring comes again!
The Ugly Duckling sees himself in the water.

The Ugly Duckling is
not ugly anymore.

Story Check

A 그림에 알맞은 단어를 찾아 동그라미 하세요.

1 

s u g l y b i g b e s a d n o q

2 

f l o w e r d s w a n e g i c e

3 

r e d b g r a y t o b r o w n t

4 

g r o l d u c k l i n g l p e t

B 문장을 잘 듣고, 알맞은 그림에 번호를 쓰세요. 51

C 알맞은 단어에 동그라미 하여 문장을 완성하세요.

1 "Go away, Ugly (Swan / Duckling)!"

2 The Ugly Duckling is not (cute / ugly) anymore.

3 He feels (lonely / happy).

Speak & Write! 알맞은 단어를 넣어 문장을 소리 내어 읽은 다음, 써 보세요.

eat swim

Can I ________ with you?
(내가 너희와 함께 ~해도 될까?)

sad hungry

He feels ________. (그는 ~하다고 느껴요.)

D 그림과 문장이 일치하면 True, 일치하지 않으면 False에 동그라미 하세요.

1

The Ugly Duckling can eat with the other ducklings.

True False

2

The Ugly Duckling is a beautiful swan.

True False

3

The Ugly Duckling feels sad.

True False

4

Spring comes!

True False

다시 봄이 되자, 미운 아기오리는 자신이 누구인지 알게 되었나요?

☐ hen ☐ swan ☐ goose ☐ duck

E 들으며 빈칸을 채운 다음, 내용에 맞는 그림 스티커를 찾아 붙이세요. 52

1

sticker

A mother duck lays eggs.
The eggs hatch.
The ducklings are yellow and cute.
But one is big and g________.

2

"Can I p________ with you?" asks the Ugly Duckling.
"No, you are u________," say the other ducklings.

3

sticker

Summer comes!
The other ducklings s________ in the pond. "Can I swim with you?"
"No, you are ugly!"

4

sticker

Spring comes again!
The Ugly Duckling sees himself in the water. "I am a beautiful s________!"
The Ugly Duckling is not ugly anymore.

gray   swan   swim   ugly   play

Theme Words

Seasons & Weather

계절과 관련된 단어들을 잘 듣고, 단어를 따라 쓰세요. 53

① spring ② warm

s w

③ summer ④ hot

s h

⑤ fall ⑥ cool

f c

⑦ winter ⑧ cold

w c

◆각 계절에 알맞은 날씨를 찾아 연결해 보세요.

cold

hot

warm

cool

What's your favorite season?

어떤 계절을 가장 좋아하나요?

My favorite season is ____________________.

The Ugly Duckling

A mother duck lays **eggs**.

The eggs hatch.

The **ducklings** are yellow and cute.

sticker

The other ducklings **swim** in the pond.

sticker

"No, you are ugly!"

He feels lonely.

The other ducklings are eating together.

sticker

"No, you are ugly!"

He feels **hungry**.

The Ugly Duckling sees himself in the water.

sticker

The Ugly Duckling is not ugly anymore.

Self-Check

- ☐ 스티커를 바르게 붙였어요.
- ☐ 주요 단어의 뜻을 잘 알아요.
- ☐ 막힘 없이 술술 읽었어요.

알맞은 문장 스티커를 붙여 글을 완성하고,
큰 소리로 읽어 보세요.
오디오를 들으며 잘 읽었는지 확인해 보세요. 54

Review Test 2

Words 그림에 맞는 단어를 찾아 쓰세요. / 10

sing	lonely	soft	duckling	taste
gray	donut	desert	forest	wetland

1  ________________

2  ________________

3  ________________

4  ________________

5  ________________

6  ________________

7  ________________

8  ________________

9  ________________

10  ________________

Comprehension A 문장을 읽고 알맞은 그림의 기호를 쓰세요.

/ 6

1 The Ugly Duckling feels lonely. ◯

a

b

2 I hear a bird singing. ◯

a

b

3 I live in the desert. ◯

a

b

4 I live in the forests. ◯

5 I am a beautiful swan! ◯

6 It feels soft. ◯

a

b

c

Comprehension B 그림을 보고 알맞은 문장에 V 표시를 하세요.

/ 6

1

☐ I am a boy and I live on Earth.
☐ I am a boy and I live in the grasslands.

2

☐ The Ugly Duckling is yellow and cute.
☐ The Ugly Duckling is big and gray.

3

☐ I see the bright sun.
☐ I see a bird.

4 ☐ Can I swim with you?
☐ Can I eat with you?

5 ☐ You are a lion.
☐ You are a penguin.

6 ☐ My tummy is growling.
☐ My tummy is hurt.

정답 ▶ 별책 p.40

Theme Words 그림을 보고 알맞은 단어를 빈칸에 쓰세요.

/ 9

Seasons & Weather

1 
c

2 
w

3 
h

4 
cool

Wild Animals

5 
t

6 
penguin

7 
l

8 
e

Five Senses

9 
t

10 
s

11 
see

12 
t

THUMBS
UP

저자 C2 Archive (대표 Olene Kim)

지난 20여 년간 영어라는 언어를 어린이들이 어려움 없이 단계적으로 습득해갈 수 있도록 효과적인 교수법을 연구하여 다양한 교재로 구현해 온 영어교육 전문 집필진입니다. 파닉스, 리딩, 코스북, 문법 등 여러 분야의 ELT 교재와 영어 단행본 학습서를 집필·개발하였습니다.

저자 기적학습연구소

"혼자서 작은 산을 넘는 아이가 나중에 큰 산도 넘습니다." 본 연구소는 아이들이 혼자서 큰 산까지 넘을 수 있는 힘을 키워주고자 합니다. 아이들의 연령에 맞게 학습의 산을 작게 만들어 혼자서도 쉽게 넘을 수 있게 만듭니다. 때로는 작은 고난도 경험하게 하여 성취감도 맛보게 합니다. 그리고 아이들에게 실제로 적용해서 검증을 통해 차근차근 책을 만듭니다.

기적의 영어리딩 Level 2B

Miracle Series – Reading English

초판 1쇄 인쇄 • 2025년 11월 15일

지은이 • C2 Archive, 기적학습연구소

발행인 • 이종원
발행처 • (주)길벗스쿨
출판사 등록일 • 2025년 5월 28일 | **주소** • 서울시 마포구 월드컵로 10길 56(서교동) | **대표 전화** • 02)332-0931 | **팩스** • 02)323-0586
홈페이지 • www.gilbutschool.co.kr | **이메일** • gilbut@gilbut.co.kr

담당편집 • 이경희(natura@gilbut.co.kr), 최주연, 김예지, 유서현 | **기획** • 이경희, 김남희, 박민혜 | **영문 감수** • Ryan P. Lagace | **디자인** • 이현숙 | **제작** • 손일순
영업마케팅 • 문세연, 박선경, 구혜지, 박다슬 | **웹마케팅** • 박달님, 이재윤, 이지수, 나혜연 | **영업관리** • 정경화 | **독자지원** • 윤정아
전산편집 • 연디자인 | **삽화** • 주민정, 이나영, 김경주, 삼식이, 유정연 | **인쇄** • 영림인쇄 | **제본** • 영림제본 | **녹음** • 아람 멀티미디어

Photo Credits
해당 이미지는 Shutterstock.com의 라이선스 하에 사용되었습니다.
p.22 (FamVeld, Koltsov, wavebreakmedia, MyraMyra, ViDI Studio, New Africa) p.54 (yusuf_demirci)
p.74 (Dmitry Naumov, fizkes, Lapina, TarikVision, Yuriy Golub) p.75 (jsabirova) p.80 (Wayne Marinovich) p.82 (Guillaume Angleraud)
p.83 (deannalindsey) p.84 (Sourabh Bharti) p.85 (Max kegfire)

ISBN 979-11-7467-048-9 64740 (길벗 도서번호 30615)
정가 17,000원

제 품 명 : 기적의 영어리딩 2B
제조사명 : 길벗스쿨
제조국명 : 대한민국
전화번호 : 02-332-0931
주 소 : 서울시 마포구 월드컵로 10길 56 (서교동)
제조년월 : 판권에 별도 표기
사용연령 : **8세 이상**
KC마크는 이 제품이 공통안전기준에 적합하였음을 의미합니다.

기적 영어 학습서

기본이 탄탄! 실전에서 척척!
유초등 필수 영어능력을 길러주는 코어 학습서

유아 영어

재미있는 액티비티가 가득한
4~6세를 위한 영어 워크북

4세 이상

5세 이상

6세 이상

6세 이상

파닉스 완성 프로그램

알파벳 음가 ➜ 사이트워드
➜ 읽기 연습까지!
리딩을 위한 탄탄한 기초 만들기

6세 이상 전 3권

1~3학년

1~3학년 전 3권

영어 단어

영어 실력의 가장 큰 바탕은 어휘력!
교과과정 필수 어휘 익히기

3학년 이상 전 2권

1~2학년 전 2권

3~4학년 전 2권

5~6학년 전 2권

영어 리딩

패턴 문장 리딩으로 시작해
정확한 해석을 위한 끊어 읽기까지!
탄탄한 독해 실력 쌓기

2~3학년 전 3권

3~4학년 전 3권

4~5학년 전 2권

5~6학년 전 2권

5~6학년 전 2권

영어 라이팅

저학년은 패턴 영작으로,
고학년은 5형식 문장 만들기 연습으로
튼튼한 영작 실력 완성

2학년 이상 전 4권

4학년 이상 전 5권

5학년 이상 전 2권

6학년 이상

영어일기

한 줄 쓰기부터 생활일기,
주제일기까지!
영어 글쓰기 실력을 키우는 시리즈

3학년 이상

4~5학년

5~6학년

영문법

중학 영어 대비, 영어 구사
정확성을 키워주는 영문법 학습

4~5학년 전 2권

5~6학년 전 3권

6학년 이상

초등 필수 영어 무작정 따라하기

초등 시기에 놓쳐서는 안 될 필수 학습은 바로 영어 교과서!
영어 교과서 5종의 핵심 내용을 쏙쏙 뽑아 한 권으로 압축 정리했습니다.
초등 과정의 필수학습으로 기초를 다져서 중학교 및 상위 학습의 단단한 토대가 되게 합니다.

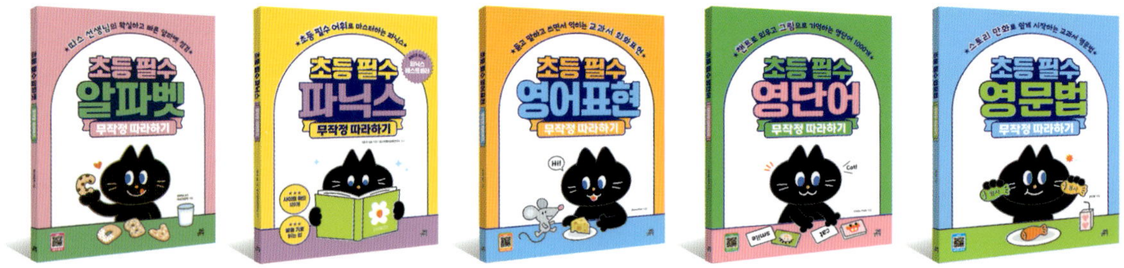

1~2학년	2~3학년	2~3학년	3학년 이상	4학년 이상

미국교과서 리딩

문제의 차이가 영어 실력의 차이! 논픽션 리딩에 강해지는 《미국교과서 READING》
논픽션 리딩에 가장 좋은 재료인 미국 교과과정의 주제를 담은 지문을 읽고, 독해력과 문제 해결력을 두루 향상시킬 수 있도록 구성한 단계별 리딩 프로그램

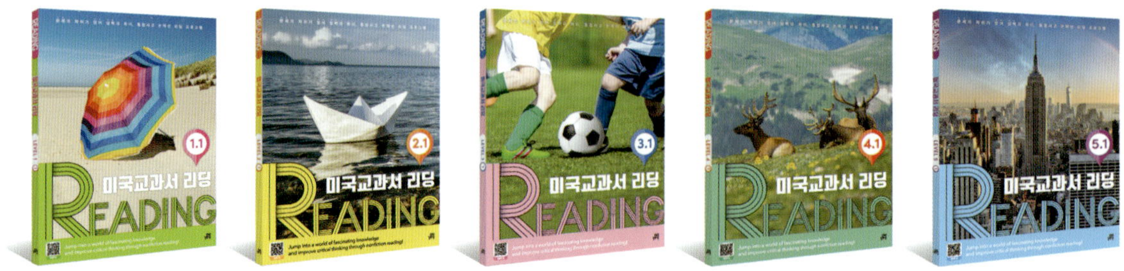

LEVEL 1	LEVEL 2	LEVEL 3	LEVEL 4	LEVEL 5
준비 단계	시작 단계	정독 연습 단계	독해 정확성 향상 단계	독해 통합심화 단계

2B

짧은 문장 읽기
AR 0.7~1.5

기적의 영어리딩

with 주제 어휘

Practice Book

(정답과 해석 포함)

길벗스쿨

기적의 영어리딩 2B

Practice Book

(정답과 해석 포함)

▸ 단어를 세 번씩 따라 쓰며 철자와 뜻을 익혀 보세요.

1

brush (이를) 닦다

2

closet 옷장, 벽장

3

noise 소리, 소음

4

pajamas 잠옷

5

sleepover 함께 자며 놀기

6

spooky 으스스한

▶ 문장을 잘 듣고 빈칸에 알맞은 단어를 써넣으세요.

sleep	sleepover	brush	closet
wash	sound	dress up	

P1.mp3

1. Lily and Ella are having a ______ tonight.
릴리와 엘라는 오늘 밤에 함께 자며 놀 거예요.

2. They ______ like grown-ups. 그들은 옷을 어른처럼 차려입어요.

3. Lily and Ella ______ their teeth. 릴리와 엘라는 이를 닦아요.

4. They ______ their faces. 그들은 얼굴을 씻어요.

5. It's time to ______. 잘 시간이에요.

6. Lily looks in the ______. 릴리는 옷장 안을 봐요.

7. The ______ is coming from Milo. 그 소리는 마일로한테서 난 거예요.

▸ 알맞은 단어에 동그라미 한 다음, 전체 문장을 따라 쓰세요.

1. It's time to (sleep / play). 놀 시간이에요.

2. It's time to (dress up / wash up). 씻을 시간이에요.

3. Lily and Ella put on their (pajamas / T-shirts).
릴리와 엘라는 그들의 잠옷을 입어요.

4. Lily looks under the (closet / bed). 릴리는 침대 아래를 봐요.

5. Lily and Ella tiptoe to the (door / moon).
릴리와 엘라는 발끝으로 살금살금 걸어 문 쪽으로 가요.

6. Lily, Ella, and Milo fall (asleep / awake) together.
릴리, 엘라, 마일로는 함께 잠들어요.

Theme Words

Everyday Actions ▸ 그림에 알맞은 단어에 동그라미 한 다음, 단어를 따라 쓰세요.

1

look brush

2

look hear

3

sleep hear

4

play wash

5

wash brush

6

sleep hear

Unit 2 Finding Charlie

Word

▸ 단어를 세 번씩 따라 쓰며 철자와 뜻을 익혀 보세요.

1

backpack 배낭, 책가방

2

cap (챙이 달린) 모자

3
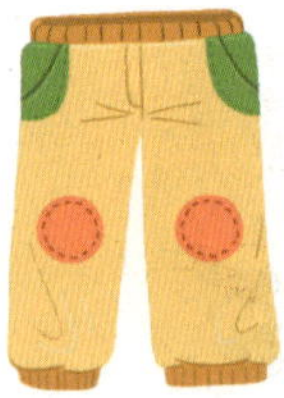

pants 바지

4

pocket 주머니

5

purple 보라색의, 보라색

6

T-shirt 티셔츠

▸ 문장을 잘 듣고 빈칸에 알맞은 단어를 써넣으세요.

yellow	backpack	where	pocket
T-shirt	toy	cap	

P2.mp3

1. ______ are you, Charlie? 너 어디에 있니, 찰리야?

2. He's wearing a ______ . 그는 모자를 쓰고 있어요.

3. The cap is ______ . 그 모자는 노란색이에요..

4. I'm looking for his green ______ .
나는 그의 초록색 티셔츠를 찾고 있어요.

5. The pants have two ______ s. 그 바지에는 주머니가 두 개 있어요.

6. I'm looking for his ______ . 나는 그의 배낭을 찾고 있어요.

7. He's next to the ______ store! 그는 장난감 가게 옆에 있어요!

Sentence

▸ 알맞은 단어에 동그라미 한 다음, 전체 문장을 따라 쓰세요.

1 But now Charlie is (going / gone)! 하지만 찰리가 없어졌어요!

2 He's wearing blue (pants / skirt). 그는 파란색 바지를 입고 있어요.

3 The backpack is red and (orange / pink). 그 배낭은 빨간색과 주황색이에요.

4 Charlie is wearing (glasses / boots). 찰리는 부츠를 신고 있어요.

5 I'm looking for his (purple / blue) boots. 나는 그의 보라색 부츠를 찾고 있어요.

6 Charlie is (waving / welcoming) at me. 찰리가 나에게 손을 흔들고 있어요.

Colors ▸ 그림에 알맞은 단어에 동그라미 한 다음, 단어를 따라 쓰세요.

1

orange | yellow

2

orange | blue

3

red | yellow

4

green | purple

5

red | green

6

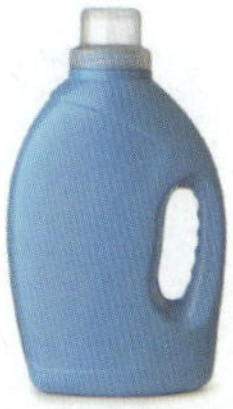

blue | purple

Unit 3 Teachers at Home

Word

▸ 단어를 세 번씩 따라 쓰며 철자와 뜻을 익혀 보세요.

1 

cook 요리하다

2 

exercise 운동, 운동하다

3 

garden 정원 가꾸기를 하다, 정원

4 

math 수학

5 

plant 식물

6 

teacher 교사

▸ 문장을 잘 듣고 빈칸에 알맞은 단어를 써넣으세요.

water	read	show	father
math	teacher	cook	

P3.mp3

1. My house is full of ______s! 나의 집은 선생님들로 가득해요!

2. This is my ______. 이분은 나의 아빠예요.

3. He ______s me how to stretch.
그는 내게 스트레칭하는 방법을 보여주세요.

4. She is my ______ing teacher. 그녀는 나의 요리 선생님이에요.

5. We ______ flowers and plants. 우리는 꽃과 식물에 물을 줘요.

6. She is my ______ teacher. 그녀는 나의 수학 선생님이에요.

7. I ______ him fun storybooks. 나는 그에게 재미있는 이야기책을 읽어줘요.

Sentence

▸ 알맞은 단어에 동그라미 한 다음, 전체 문장을 따라 쓰세요.

1. He is my (exercise / play) teacher. 그는 나의 운동 선생님이에요.

2. They're the (good / best) teachers ever! 그들은 최고의 선생님들이에요!

3. She shows me how to (read / make) yummy food.
그녀는 나에게 맛있는 음식을 만드는 법을 알려주세요.

4. This is my (grandfather / grandmother). 이분은 나의 할아버지예요.

5. This is my (brother / sister) Jennie. 이분은 나의 언니 제니예요.

6. I am his (reading / gardening) teacher. 나는 그의 책읽기 선생님이에요.

Theme Words

Family ▸ 그림에 알맞은 단어에 동그라미 한 다음, 단어를 따라 쓰세요.

1

grandfather father

2

mother grandmother

3

grandfather sister

4

brother grandmother

5

sister brother

6

sister brother

▸ 단어를 세 번씩 따라 쓰며 철자와 뜻을 익혀 보세요.

1

cloud 구름

2

donut 도넛

3

sing 노래하다, (새가) 지저귀다

4

soft (촉감이) 부드러운

5

taste 맛을 보다

6

tummy 배

▸ 문장을 잘 듣고 빈칸에 알맞은 단어를 써넣으세요.

wet	honk	cloud	donut
hear	smell	tummy	

P4.mp3

1. I see dark ______s. 나는 먹구름이 보여.
2. What do you ______? 무엇이 들리나요?
3. I hear a car ______ing. 나는 자동차가 경적 울리는 소리가 들려.
4. I ______ a flower. 나는 꽃 냄새를 맡아.
5. I taste a ______. 나는 도넛을 맛봐.
6. Now it feels ______. 지금은 축축하게 느껴져.
7. Oh! My ______ is growling. 아! 내 배가 꼬르륵거리네.

Sentence

▸ 알맞은 단어에 동그라미 한 다음, 전체 문장을 따라 쓰세요.

1. Now I see the (dark / bright) sun. 지금은 밝은 태양이 보여.

2. I hear a bird (singing / honking). 나는 새가 노래하는 소리가 들려.

3. I (smell / taste) something, too! 나도 무언가 냄새를 맡아!

4. What do you (touch / taste)? 무엇을 맛보나요?

5. It feels (soft / hard). 그것은 부드럽게 느껴져.

6. I (smell / hear) something. 나는 무슨 소리가 들려.

Theme Words

Five Senses ▸ 그림에 알맞은 단어에 동그라미 한 다음, 단어를 따라 쓰세요.

1

smell　see

2

hear　taste

3

touch　smell

4

see　taste

5

smell　touch

Word

▸ 단어를 세 번씩 따라 쓰며 철자와 뜻을 익혀 보세요.

1 

Antarctica 남극

2 

desert 사막

3 

Earth 지구

4 

forest 숲

5 

grassland 초원

6 

wetland 습지

▸ 문장을 잘 듣고 빈칸에 알맞은 단어를 써넣으세요.

Earth	fat	guess	hunter
penguin	animal	wetland	

P5.mp3

1. I am the king of the ______s. 나는 동물의 왕이에요.

2. ______ what I am! 내가 무엇인지 추측해 봐요!

3. I am a ______. 나는 펭귄이에요.

4. I have a hump with ______ inside.
나는 혹이 있고 그 안에 지방이 들어 있어요.

5. I live in the ______s. 나는 습지에 살아요.

6. I am a great ______. 나는 훌륭한 사냥꾼이에요.

7. I live on ______. 나는 지구에 살아요.

▸ 알맞은 단어에 동그라미 한 다음, 전체 문장을 따라 쓰세요.

1. I live in the (grasslands / forests). 나는 초원에 살아요.

2. I live in (desert / Antarctica). 나는 남극에 살아요.

3. I am a (camel / alligator). 나는 낙타예요.

4. I have a big mouth and (sharp / many) teeth.
나는 입이 크고 날카로운 이빨이 있어요.

5. I have (zigzags / stripes). 나는 줄무늬가 있어요.

6. I (grow / turn) every day. 나는 매일 자라요.

Wild Animals ▸ 그림에 알맞은 단어에 동그라미 한 다음, 단어를 따라 쓰세요.

1 

tiger lion

2 

penguin elephant

3 

camel alligator

4 

lion alligator

5 

lion tiger

6 

elephant camel

▸ 단어를 세 번씩 따라 쓰며 철자와 뜻을 익혀 보세요.

1

duckling 오리 새끼

2

gray 회색의

3

lonely 외로운

4

spring 봄

5

swan 백조

6

ugly 못생긴

▸ 문장을 잘 듣고 빈칸에 알맞은 단어를 써넣으세요.

ugly hungry hatch lonely summer yellow swan

P6.mp3

1. The eggs ______ . 그 알들이 부화해요.

2. The ducklings are ______ and cute.
아기 오리들은 노랗고 귀여워요.

3. "No, you are ______ ," say the other ducklings.
"안 돼, 넌 못생겼어." 다른 아기 오리들이 말해요.

4. ______ comes! 여름이 와요!

5. He feels ______ . 그는 외롭다고 느껴요.

6. He feels ______ . 그는 배고프다고 느껴요.

7. I am a beautiful ______ ! 나는 아름다운 백조잖아!

▸ 알맞은 단어에 동그라미 한 다음, 전체 문장을 따라 쓰세요.

1. But one is big and (gray / yellow). 하지만 한 마리는 크고 회색이에요.

2. He feels (happy / sad). 그는 슬프다고 느껴요.

3. Can I (eat / swim) with you? 내가 너희들과 수영할 수 있을까?

4. (Fall / Winter) comes! 가을이 와요!

5. The other ducklings (test / rest) on the ice. 다른 오리들은 얼음 위에서 쉬어요.

6. The Ugly Duckling is not (ugly / beautiful) anymore.
못생긴 아기 오리는 더 이상 못생기지 않아요.

Seasons & Weather ▸ 그림에 알맞은 단어에 동그라미 한 다음, 단어를 따라 쓰세요.

1. 

spring | fall

2. 

cold | warm

3. 

winter | summer

4. 

hot | warm

5. 

fall | winter

6. 

cold | cool

7. 

winter | spring

8. 

hot | cold

Practice Book 정답

Unit 1

p.3 Listening

▸ 문장을 잘 듣고 빈칸에 알맞은 단어를 써넣으세요.

sleep sleepover brush closet wash sound dress up

P1.mp3

1. Lily and Ella are having a **sleepover** tonight.
2. They **dress up** like grown-ups.
3. Lily and Ella **brush** their teeth.
4. They **wash** their faces.
5. It's time to **sleep**.
6. Lily looks in the **closet**.
7. The **sound** is coming from Milo.

Unit 1 3

p.4 A Spooky Noise — Sentence

▸ 알맞은 단어에 동그라미 한 다음, 전체 문장을 따라 쓰세요.

1. It's time to (sleep / play). **sleep**
2. It's time to (dress up / wash up). **wash up**
3. Lily and Ella put on their (pajamas / T-shirts). **pajamas**
4. Lily looks under the (closet / bed). **bed**
5. Lily and Ella tiptoe to the (door / moon). **door**
6. Lily, Ella, and Milo fall (asleep / awake) together. **asleep**

4

p.5 Theme Words

Everyday Actions ▸ 그림에 알맞은 단어에 동그라미 한 다음, 단어를 따라 쓰세요.

1. look / **brush**
2. **look** / hear
3. **sleep** / hear
4. **play** / wash
5. **wash** / brush
6. **sleep** / hear

Unit 1 5

Unit 2

p.7 Listening

▸ 문장을 잘 듣고 빈칸에 알맞은 단어를 써넣으세요.

yellow backpack where pocket T-shirt toy cap

P2.mp3

1. **Where** are you, Charlie?
2. He's wearing a **cap**.
3. The cap is **yellow**.
4. I'm looking for his green **T-shirt**.
5. The pants have two **pockets**.
6. I'm looking for his **backpack**.
7. He's next to the **toy** store!

Unit 2 7

p.8 Finding Charlie — Sentence

▸ 알맞은 단어에 동그라미 한 다음, 전체 문장을 따라 쓰세요.

1. But now Charlie is (going / gone)! **gone**
2. He's wearing blue (pants / skirt). **pants**
3. The backpack is red and (orange / pink). **orange**
4. Charlie is wearing (glasses / boots). **boots**
5. I'm looking for his (purple / blue) boots. **purple**
6. Charlie is (waving / welcoming) at me. **waving**

8

p.9 Theme Words

Colors ▸ 그림에 알맞은 단어에 동그라미 한 다음, 단어를 따라 쓰세요.

1. orange / **yellow**
2. **orange** / blue
3. **red** / yellow
4. green / **purple**
5. red / **green**
6. **blue** / purple

Unit 2 9

Unit 3

p.11 Listening

▸ 문장을 잘 듣고 빈칸에 알맞은 단어를 써넣으세요.

water read show father math teacher cook

P3.mp3

1. My house is full of **teachers**!
2. This is my **father**.
3. He **shows** me how to stretch.
4. She is my **cooking** teacher.
5. We **water** flowers and plants.
6. She is my **math** teacher.
7. I **read** him fun storybooks.

Unit 3 11

p.12 Teachers at Home — Sentence

▸ 알맞은 단어에 동그라미 한 다음, 전체 문장을 따라 쓰세요.

1. He is my (exercise / play) teacher. **exercise**
2. They're the (good / best) teachers ever! **best**
3. She shows me how to (read / make) yummy food. **make**
4. This is my (grandfather / grandmother). **grandfather**
5. This is my (brother / sister) Jennie. **sister**
6. I am his (reading / gardening) teacher. **reading**

12

p.13 Theme Words

Family ▸ 그림에 알맞은 단어에 동그라미 한 다음, 단어를 따라 쓰세요.

1. grandfather / **father**
2. **mother** / grandmother
3. **grandfather** / sister
4. brother / **grandmother**
5. sister / **brother**
6. **sister** / brother

Unit 3 13

Unit 4

p.15 Listening

▸ 문장을 잘 듣고 빈칸에 알맞은 단어를 써넣으세요.

wet honk cloud donut hear smell tummy

P4.mp3

1. I see dark **cloud**s. 나는 먹구름이 보여.
2. What do you **hear**? 무엇이 들리나요?
3. I hear a car **honk**ing. 나는 자동차가 경적 울리는 소리가 들려.
4. I **smell** a flower. 나는 꽃 냄새를 맡아.
5. I taste a **donut**. 나는 도넛을 맛봐.
6. Now it feels **wet**. 지금은 축축하게 느껴져.
7. Oh! My **tummy** is growling. 아! 내 배가 꼬르륵거려.

Unit 4 15

p.16 A Day of Senses — Sentence

▸ 알맞은 단어에 동그라미 한 다음, 전체 문장을 따라 쓰세요.

1. Now I see the (dark / bright) sun. 지금은 밝은 태양이 보여. **bright**
2. I hear a bird (singing / honking). 나는 새가 노래하는 소리가 들려. **singing**
3. I (smell / taste) something, too! 나도 무언가 냄새를 맡아! **smell**
4. What do you (touch / taste)? 무엇을 맛보나요? **taste**
5. It feels (soft / hard). 그것은 부드럽게 느껴져. **soft**
6. I (smell / hear) something. 나는 무슨 소리가 들려. **hear**

16

p.17 Theme Words

Five Senses ▸ 그림에 알맞은 단어에 동그라미 한 다음, 단어를 따라 쓰세요.

1. smell / **see**
2. **hear** / taste
3. touch / **smell**
4. see / **taste**
5. smell / **touch**

Unit 4 17

Unit 5

p.19 Listening

▸ 문장을 잘 듣고 빈칸에 알맞은 단어를 써넣으세요.

Earth fat guess hunter penguin animal wetland

P5.mp3

1. I am the king of the **animal**s. 나는 동물의 왕이에요.
2. **Guess** what I am! 내가 무엇인지 추측해 봐요!
3. I am a **penguin**. 나는 펭귄이에요.
4. I have a hump with **fat** inside. 나는 혹이 있고 그 안에 지방이 들어 있어요.
5. I live in the **wetland**. 나는 습지에 살아요.
6. I am a great **hunter**. 나는 훌륭한 사냥꾼이에요.
7. I live on **Earth**. 나는 지구에 살아요.

Unit 5 19

p.20 Guess What I Am! — Sentence

▸ 알맞은 단어에 동그라미 한 다음, 전체 문장을 따라 쓰세요.

1. I live in the (grasslands / forests). 나는 초원에 살아요. **grasslands**
2. I live in (desert / Antarctica). 나는 남극에 살아요. **Antarctica**
3. I am a (camel / alligator). 나는 낙타예요. **camel**
4. I have a big mouth and (sharp / many) teeth. 나는 입이 크고 날카로운 이빨이 있어요. **sharp**
5. I have (zigzags / stripes). 나는 줄무늬가 있어요. **stripes**
6. I (grow / turn) every day. 나는 매일 자라요. **grow**

20

p.21 Theme Words

Wild Animals ▸ 그림에 알맞은 단어에 동그라미 한 다음, 단어를 따라 쓰세요.

1. tiger / **lion**
2. **penguin** / elephant
3. **camel** / alligator
4. lion / **alligator**
5. lion / **tiger**
6. **elephant** / camel

Unit 5 21

Unit 6

p.23 Listening

▸ 문장을 잘 듣고 빈칸에 알맞은 단어를 써넣으세요.

ugly hungry hatch lonely summer yellow swan

P6.mp3

1. The eggs **hatch**. 그 알들이 부화해요.
2. The ducklings are **yellow** and cute. 아기 오리들은 노랗고 귀여워요.
3. "No, you are **ugly**," say the other ducklings. "안 돼, 넌 못생겼어," 다른 아기 오리들이 말해요.
4. **Summer** comes! 여름이 와요!
5. He feels **lonely**. 그는 외롭다고 느껴요.
6. He feels **hungry**. 그는 배고프다고 느껴요.
7. I am a beautiful **swan**! 나는 아름다운 백조잖아!

Unit 6 23

p.24 The Ugly Duckling — Sentence

▸ 알맞은 단어에 동그라미 한 다음, 전체 문장을 따라 쓰세요.

1. But one is big and (gray / yellow). 하지만 한 마리는 크고 회색이에요. **gray**
2. He feels (happy / sad). 그는 슬프다고 느껴요. **sad**
3. Can I (eat / swim) with you? 내가 너희들과 수영할 수 있을까? **swim**
4. (Fall / Winter) comes! 가을이 와요! **Fall**
5. The other ducklings (test / rest) on the ice. 다른 오리들은 얼음 위에서 쉬어요. **rest**
6. The Ugly Duckling is not (ugly / beautiful) anymore. 못생긴 아기 오리는 더 이상 못생기지 않아요. **ugly**

24

p.25 Theme Words

Seasons & Weather ▸ 그림에 알맞은 단어에 동그라미 한 다음, 단어를 따라 쓰세요.

1. **spring** / fall
2. cold / **warm**
3. winter / **summer**
4. **hot** / warm
5. **fall** / winter
6. cold / **cool**
7. **winter** / spring
8. hot / **cold**

Unit 6 25

Story Reading

p.14

릴리와 엘라는 오늘 밤에 함께 자며 놀 거예요.
엘라가 릴리의 집에 와요.

p.15

놀 시간이에요.
릴리와 엘라는 재미있는 게임을 해요.
그들은 옷을 어른처럼 차려입어요.

p.16

씻을 시간이에요.
릴리와 엘라는 이를 닦아요.
그들은 얼굴을 씻어요.

p.17

잘 시간이에요.
릴리와 엘라는 잠옷을 입어요.
그들은 잠자리에 들어요.
잠깐! 그들은 소리를 들어요.
으스스한 소리예요.

p.18

릴리는 침대 아래를 봐요.
릴리는 옷장 안을 봐요.
릴리와 엘라가 발끝으로 살금살금 문 쪽으로 가요.

Tip tiptoe: 발끝으로 살금살금 걷다

p.19

오! 그 소리는 마일로한테서 난 거예요.
릴리, 엘라, 마일로는 함께 잠들어요.

Story Words

sleepover 함께 자며 놀기	tonight 오늘 밤에	dress up 옷을 잘 차려입다	grown-up 어른
teeth tooth(이, 치아)의 복수형	face 얼굴	pajamas 잠옷	noise 소리, 소음
spooky 으스스한	closet 옷장, 벽장	sound 소리	together 함께

Theme Words Everyday Actions (일상 행동)

play 놀다	wash 씻다	brush (이를) 닦다
look 보다	hear 듣다	sleep (잠을) 자다

Answers

p.13

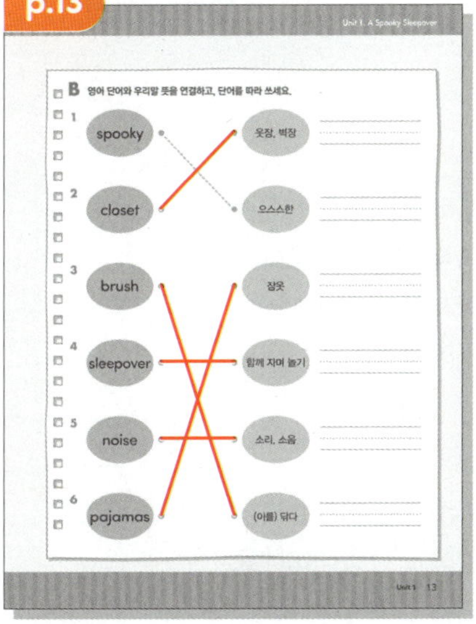

p.20

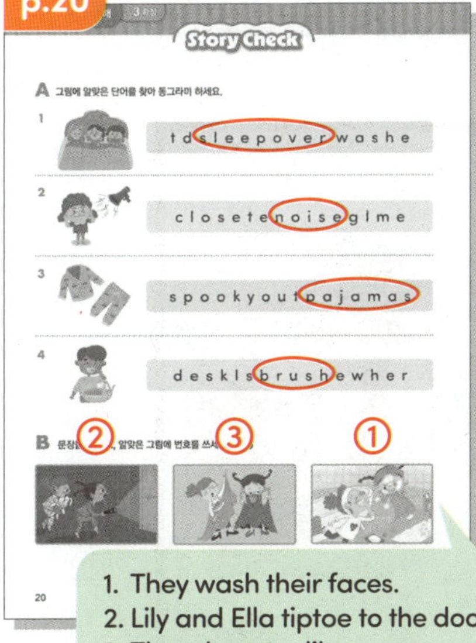

1. They wash their faces.
2. Lily and Ella tiptoe to the door.
3. They dress up like grown-ups.

p.21

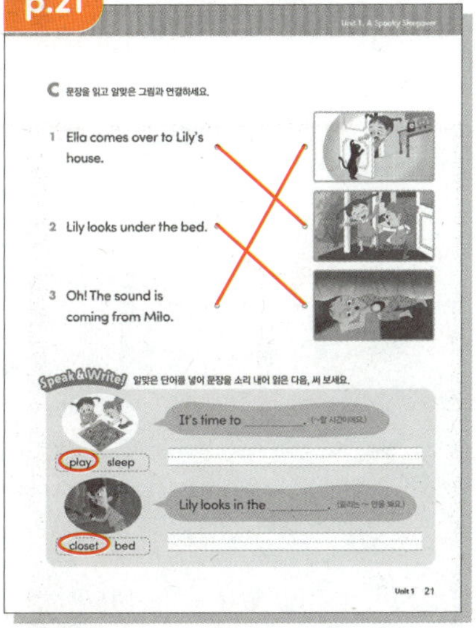

p.22

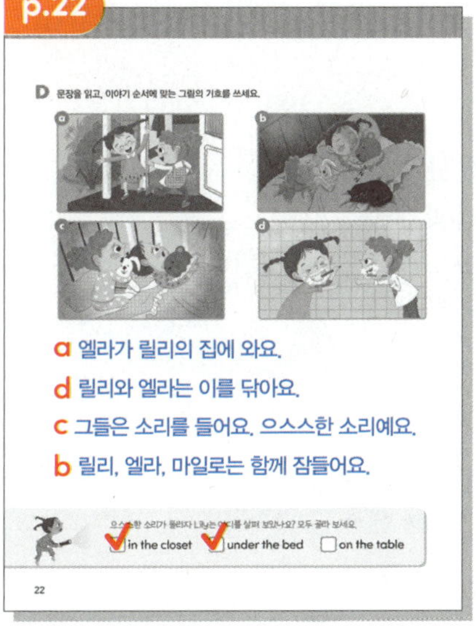

p.23

p.25

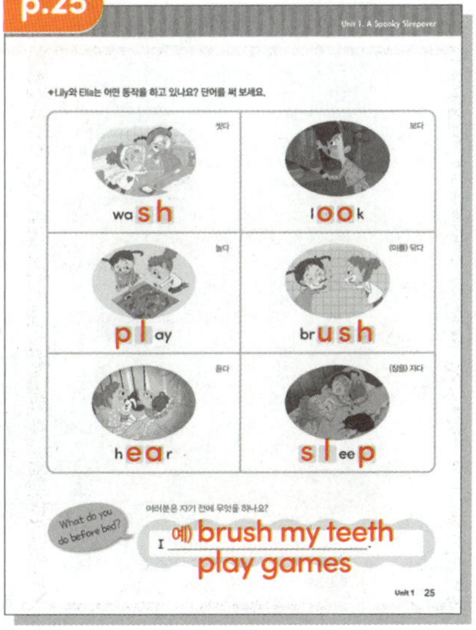

Unit 2 Finding Charlie 찰리를 찾아서

Story Reading

p.30

찰리랑 나는 시내에 왔어요.
하지만 지금은 찰리가 없어졌어요!
너 어디 있어, 찰리야?

p.31

나는 찰리를 찾고 있어요.
그는 모자를 쓰고 있어요.
그 모자는 노란색이에요.

Tip 현재 진행 중인 일은 am/is/are + -ing로 표현해요.

p.32

찰리는 초록색 티셔츠를 입고 있어요.
나는 그의 초록색 티셔츠를 찾고 있어요.
그는 파란색 바지를 입고 있어요.
그 바지에는 주머니가 두 개 있어요.

p.33

찰리는 배낭을 메고 있어요.
그 배낭은 빨간색과 주황색이에요.
나는 그의 배낭을 찾고 있어요.

p.34

오, 한 가지 더!
찰리는 부츠를 신고 있어요.
그 부츠는 보라색이에요.
나는 그의 보라색 부츠를 찾고 있어요.

p.35

저기 그가 있어요!
그는 장난감 가게 옆에 있어요!
찰리가 나에게 손을 흔들고 있어요.

Story Words

downtown 시내에	gone 사라진	look for ~을 찾다	wear 입고(쓰고, 끼고) 있다
cap (챙이 달린) 모자	T-shirt 티셔츠	pants 바지	pocket 주머니
backpack 배낭, 책가방	boots 목이 긴 신발	next to ~의 옆에	wave (손, 팔을) 흔들다

Theme Words Colors (색깔)

red 빨간색	orange 주황색	yellow 노란색
green 초록색	blue 파란색	purple 보라색

Answers

p.29

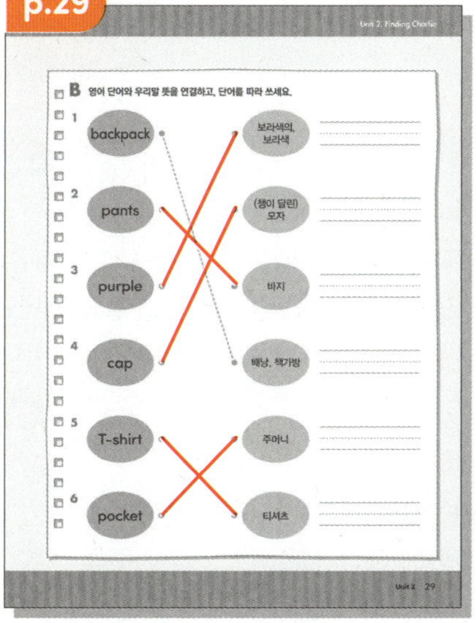
B 영어 단어와 우리말 뜻을 연결하고, 단어를 따라 쓰세요.

1 backpack — 배낭, 책가방
2 pants — 바지
3 purple — 보라색의, 보라색
4 cap — (챙이 달린) 모자
5 T-shirt — 티셔츠
6 pocket — 주머니

p.36

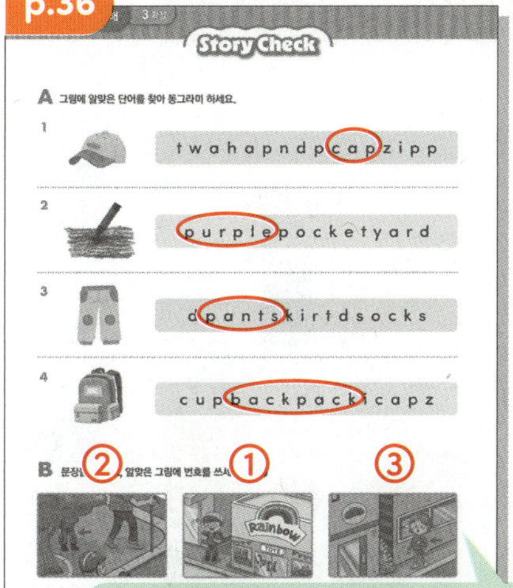
Story Check

A 그림에 알맞은 단어를 찾아 동그라미 하세요.

1 twahapndp(cap)zipp
2 (purple)pocketyard
3 d(pants)kirtdsocks
4 cup(backpack)capz

B 문장을 듣고 알맞은 그림에 번호를 쓰세요. ② ① ③

1. Charlie is next to the toy store!
2. The pants have two pockets.
3. I'm looking for Charlie.

p.37

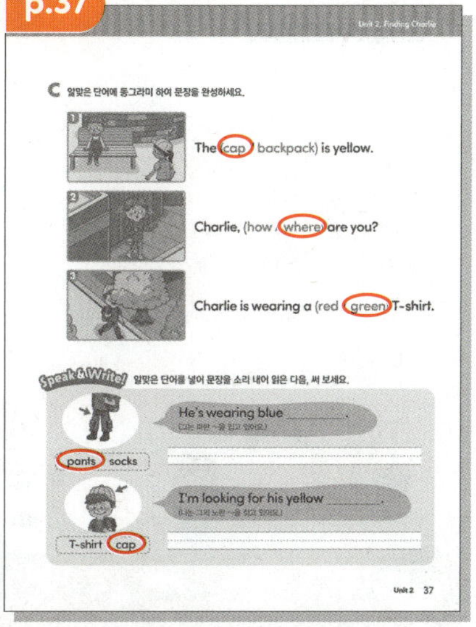
C 알맞은 단어에 동그라미 하여 문장을 완성하세요.

1 The (cap / backpack) is yellow.
2 Charlie, (how / where) are you?
3 Charlie is wearing a (red / green) T-shirt.

Speak & Write! 알맞은 단어를 넣어 문장을 소리 내어 읽은 다음, 써 보세요.

He's wearing blue ____. (pants / socks) → pants
I'm looking for his yellow ____. (T-shirt / cap) → cap

p.38

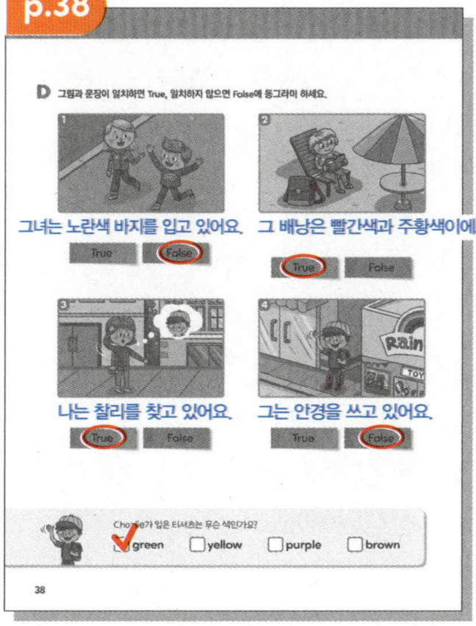
D 그림과 문장이 일치하면 True, 일치하지 않으면 False에 동그라미 하세요.

1 그녀는 노란색 바지를 입고 있어요. — False
2 그 배낭은 빨간색과 주황색이에요. — True
3 나는 찰리를 찾고 있어요. — True
4 그는 안경을 쓰고 있어요. — False

Charlie가 입은 티셔츠는 무슨 색인가요? ☑ green ☐ yellow ☐ purple ☐ brown

p.39

E 들으며 빈칸을 채운 다음, 내용에 맞는 그림 스티커를 찾아 붙이세요.

1 Charlie and I came downtown. But now Charlie is gone! Where are you, Charlie?
2 I'm looking for Charlie. He's wearing a cap. The cap is yellow.
3 Oh, one more thing! Charlie is wearing boots. The boots are purple. I'm looking for his purple boots.
4 There he is! He's next to the toy store! Charlie is waving at me.

boots cap toy purple where

p.41

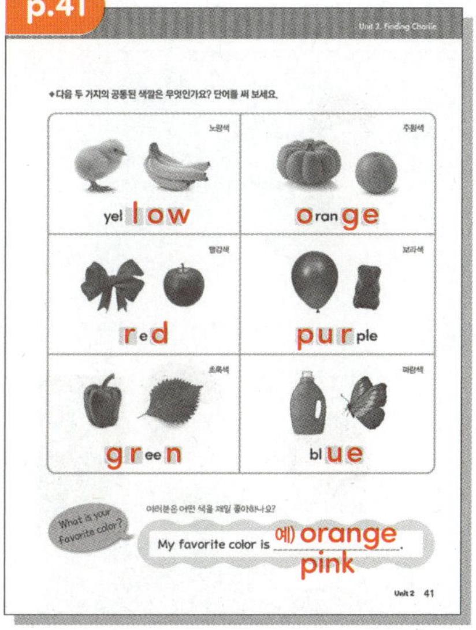
다음 두 가지의 공통된 색깔은 무엇인가요? 단어를 써 보세요.

yellow / orange / red / purple / green / blue

What is your favorite color? My favorite color is 예) orange, pink.

Story Reading

p.46

나의 집은 선생님들로 가득해요!
그들은 최고의 선생님들이에요!

p.47

이분은 나의 아빠예요.
그는 나의 운동 선생님이에요.
그는 나에게 스트레칭하는 방법을 보여주세요.

Tip how to ...: ~하는 방법

p.48

이분은 나의 엄마예요.
그녀는 나의 요리 선생님이에요.
그녀는 나에게 맛있는 음식을 만드는 법을 알려주세요.

p.49

이분은 나의 할아버지예요.
그는 나의 정원 가꾸기 선생님이에요.
우리는 꽃과 식물에 물을 줘요.

Tip 동사에 -ing가 붙은 cooking, gardening은 '요리하기', '정원 가꾸기'를 뜻해요.

p.50

이분은 나의 언니 제니예요.
그녀는 나의 수학 선생님이에요.
그녀는 내가 수 계산하는 걸 도와줘요.

p.51

이 아이는 나의 남동생 잭이에요.
나는 그의 책읽기 선생님이에요.
나는 남동생에게 재미있는 이야기책을 읽어줘요.
우리 가족은 모두 선생님이에요.

Story Words

full 가득한	teacher 교사	exercise 운동, 운동하다	show 보여주다, 알려주다
stretch 기지개를 켜다	cook 요리하다	yummy 맛있는	garden 정원 가꾸기를 하다, 정원
water 물을 주다, 물	math 수학	number 숫자	plant 식물

Theme Words Family (가족)

father 아버지	mother 어머니	grandfather 할아버지
grandmother 할머니	brother 형, 오빠, 남동생	sister 언니, 누나, 여동생

Answers

p.45

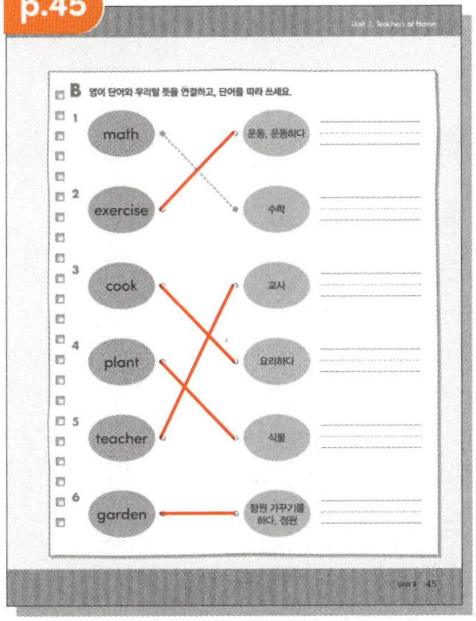

p.52

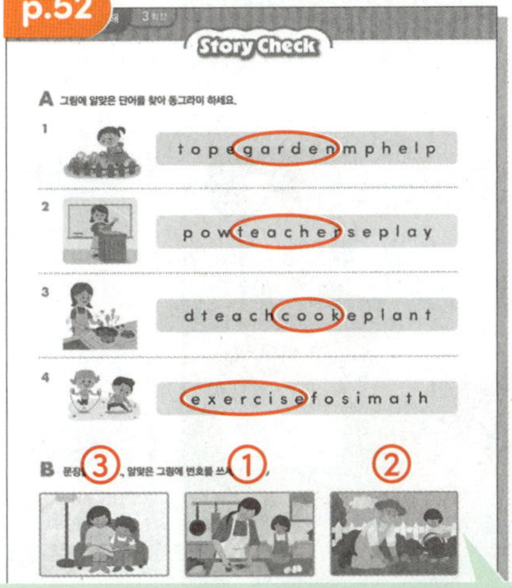

1 She shows me how to make yummy food.
2. We water flowers and plants.
3. I read him fun storybooks.

p.53

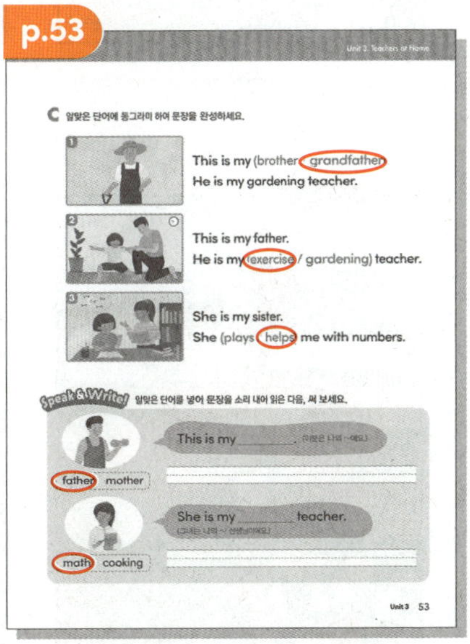

p.54

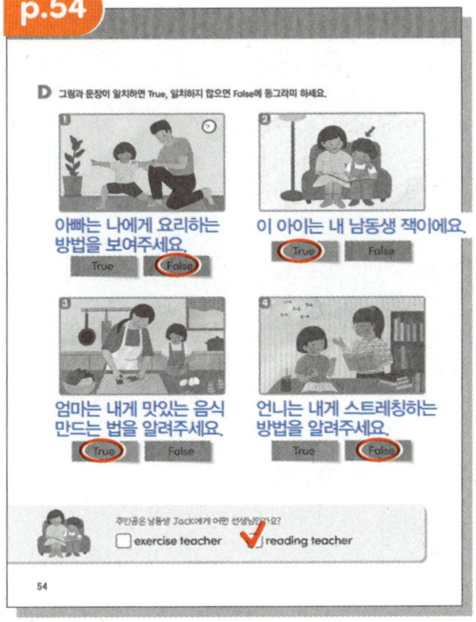

p.55

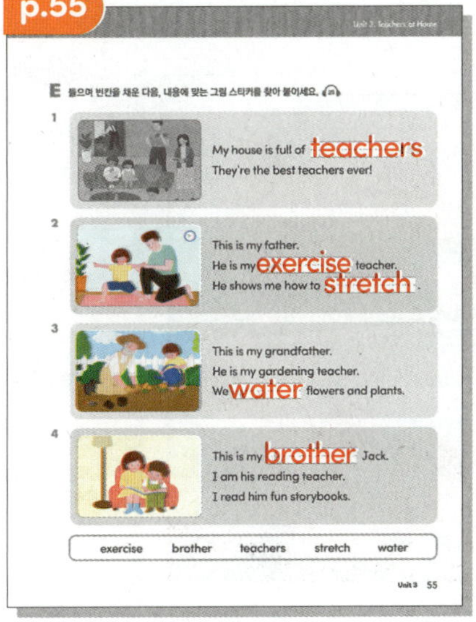

p.57

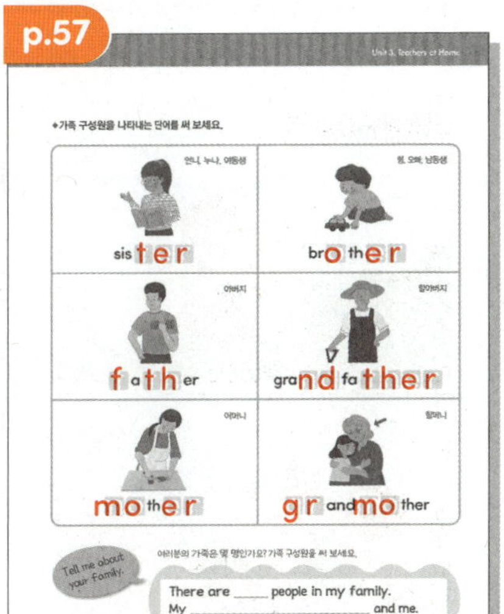

예) four
mother, father, brother

Unit 4 A Day of Senses 하루 동안의 감각들

Story Reading

p.66

무엇이 보이나요?

남자아이: 나는 먹구름이 보여.

여자아이: 지금은 밝은 태양이 보여.

p.67

무엇이 들리나요?

남자아이: 나는 새가 노래하는 소리가 들려.
그 소리는 아름다워.

여자아이: 나는 자동차가 경적 울리는 소리가 들려.

p.68

무슨 냄새가 나나요?

남자아이: 나는 꽃 냄새를 맡아.

여자아이: 잠깐! 나도 무언가 냄새를 맡아.

p.69

무엇을 맛보나요?

여자아이: 나는 도넛을 맛봐.
그것은 달콤해!

남자아이: 개미들도 맛보고 있어.

p.70

무엇을 만지나요?

여자아이: 나는 내 곰인형을 만져.
그것은 부드럽게 느껴져.

여자아이: 오 이런! 지금은 축축하게 느껴져.

p.71

남자아이: 무슨 소리가 들려.

여자아이: 아! 내 배가 꼬르륵거려.

남자아이: 피자 먹을 시간이구나!

Tip grrgle: 꼬르륵

Story Words

cloud 구름	bright 밝은	sing 노래하다, 지저귀다	beautiful 아름다운
honk (자동차 경적이) 울리다	something 무엇, 어떤 것	donut 도넛	sweet 달콤한
soft (촉감이) 부드러운	wet 젖은	tummy 배	growl 으르렁거리다, 꼬르륵거리다

Theme Words Five Senses (오감)

see 보다	hear 듣다	something 무엇, 어떤 것
taste 맛보다	touch 만지다	

Answers

p.65

p.72

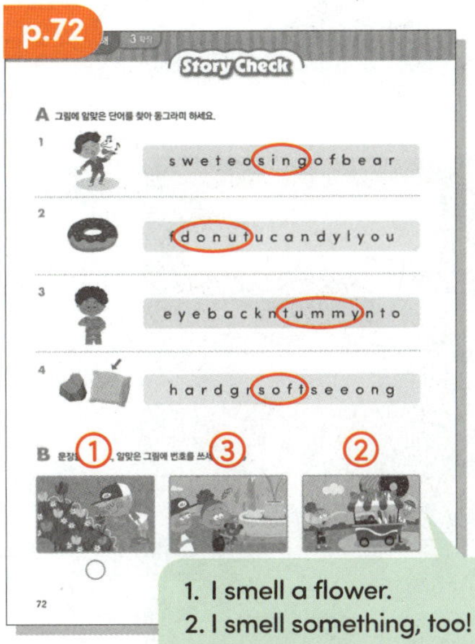

1. I smell a flower.
2. I smell something, too!
3. Oh no! Now it feels wet.

p.73

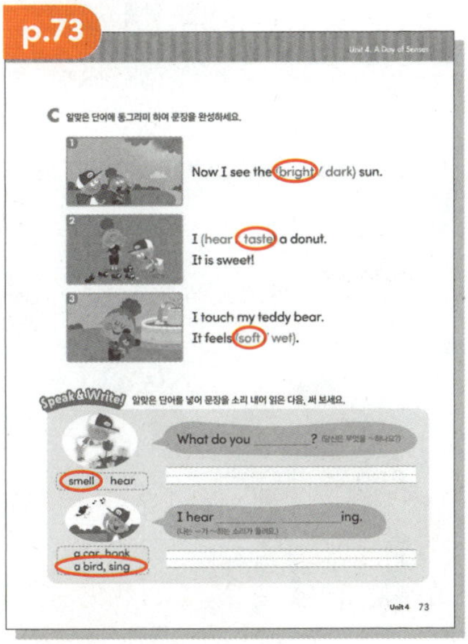

p.74

p.75

p.77

Story Reading

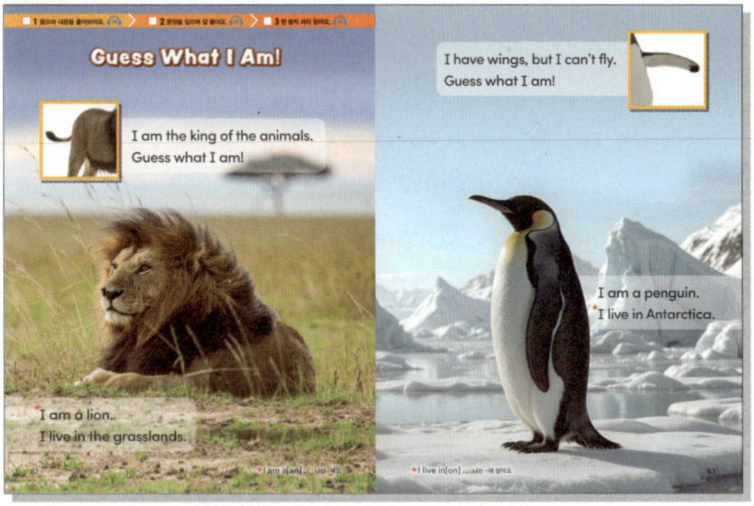

p.82

나는 동물의 왕이에요.
내가 무엇인지 추측해 봐요!
나는 사자예요.
나는 초원에 살아요.

p.83

나는 날개가 있지만, 날 수 없어요.
내가 무엇인지 추측해 봐요!
나는 펭귄이에요.
나는 남극에 살아요.

p.84

나는 혹이 있고 그 안에 지방이 들어 있어요.
내가 무엇인지 추측해 봐요!
나는 낙타예요.
나는 사막에 살아요.

p.85

나는 입이 크고 날카로운 이빨이 있어요.
내가 무엇인지 추측해 봐요!
나는 악어예요.
나는 습지에 살아요.

p.86

나는 줄무늬가 있어요.
나는 훌륭한 사냥꾼이에요.
내가 무엇인지 추측해 봐요!
나는 호랑이예요.
나는 숲에 살아요.

p.87

나는 용감해요. 나는 매일 자라요.
내가 무엇인지 추측해 봐요!
바로 나예요! 나는 소년이에요.
나는 지구에 살아요.

Story Words

guess 추측하다	grassland 초원	wing 날개	Antarctica 남극
hump (낙타 등의) 혹	fat 지방	desert 사막	sharp 날카로운
wetland 습지	hunter 사냥꾼	forest 숲	Earth 지구

Theme Words

Wild Animals (야생동물)

lion 사자	penguin 펭귄	camel 낙타
alligator 악어	tiger 호랑이	elephant 코끼리

Answers

p.81

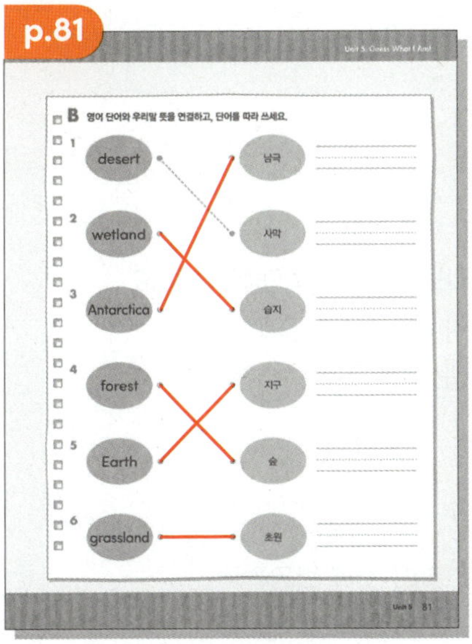

p.88

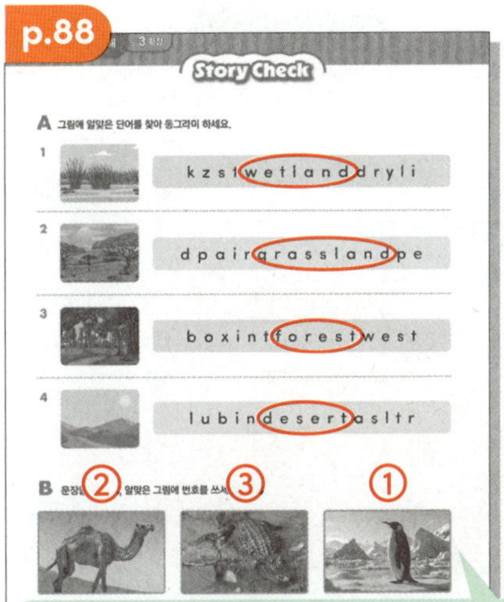

1. I have wings, but I can't fly.
2. I live in the desert.
3. I have a big mouth and sharp teeth.

p.89

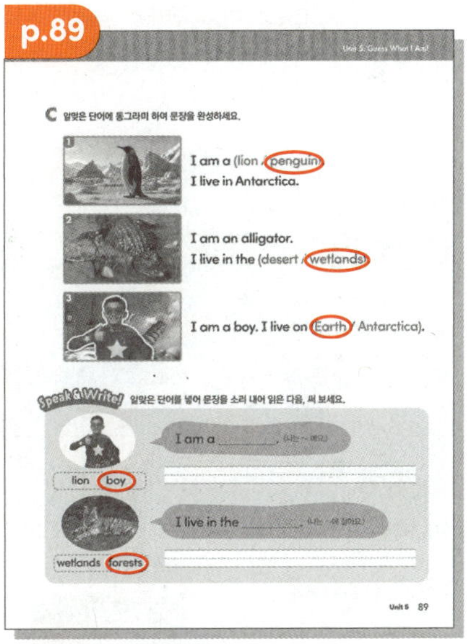

p.90

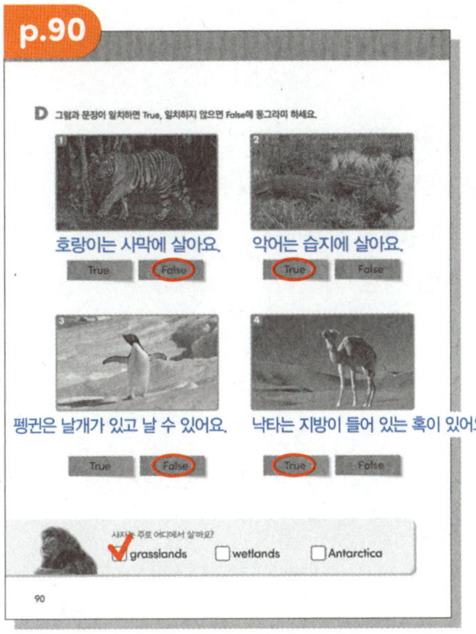

p.91

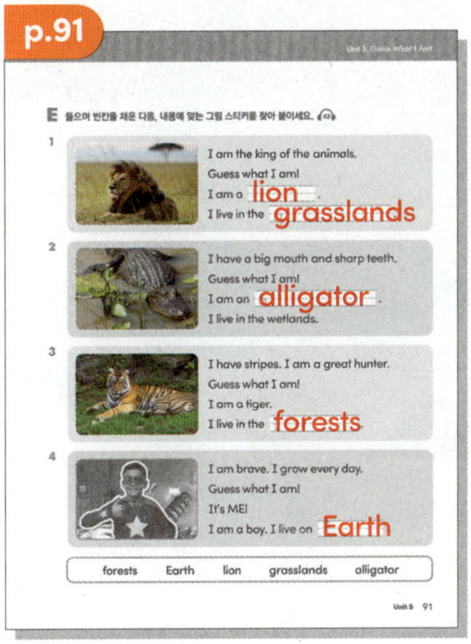

p.93

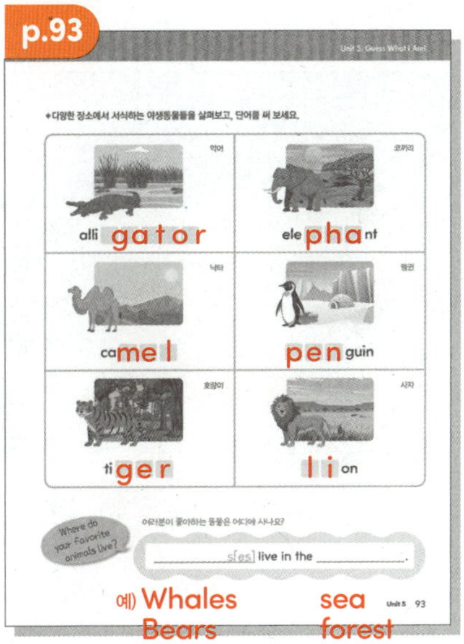

Story Reading

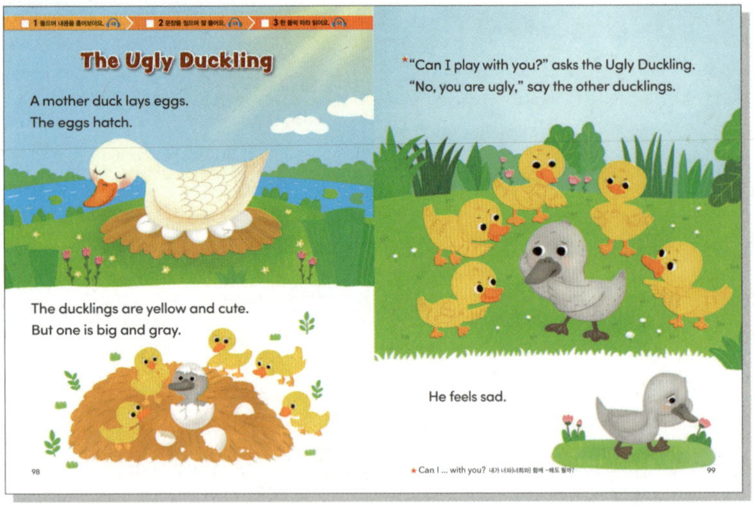

p.98

엄마 오리가 알을 낳아요.
그 알들이 부화해요.
아기 오리들은 노랗고 귀여워요.
하지만 한 마리는 크고 회색이에요.

p.99

"나 너희들과 함께 놀아도 돼?" 못생긴 아기 오리가 물어요.
"안 돼, 넌 못생겼잖아." 다른 아기 오리들이 말해요.
그는 슬프다고 느껴요.

p.100

여름이 와요!
다른 아기 오리들은 연못에서 헤엄을 쳐요.
"내가 너희들과 헤엄 쳐도 될까?"
"안 돼, 넌 못생겼잖아!" 그는 외롭다고 느껴요.

p.101

가을이 와요!
다른 아기 오리들이 함께 밥을 먹어요.
"내가 너희들과 같이 먹어도 될까?"
"안 돼, 넌 못생겼어!" 그는 배고프다고 느껴요.

p.102

겨울이 와요! 물이 얼음으로 변해요.
다른 아기 오리들은 얼음 위에서 쉬어요.
"저리 가, 못생긴 아기 오리야!"
그는 슬프다고 느껴요.

p.103

다시 봄이 와요!
못생긴 아기 오리는 물에 비친 자신의 모습을 봐요. "나는 아름다운 백조잖아!"
못생긴 아기 오리는 더 이상 못생기지 않아요.

Tip not anymore: 더 이상 ~하지 않다

Story Words

duckling 오리새끼	lay (알을) 낳다	hatch 부화하다	gray 회색의
ugly 못생긴	sad 슬픈	pond 연못	lonely 외로운
rest 쉬다, 휴식을 취하다	go away (사람, 장소를) 떠나다	himself 그 자신	swan 백조

Theme Words

Seasons & Weather (계절 & 날씨)

spring 봄	warm 따뜻한	summer 여름	hot 더운
fall 가을	cool 선선한	winter 겨울	cold 추운

Answers

p.97

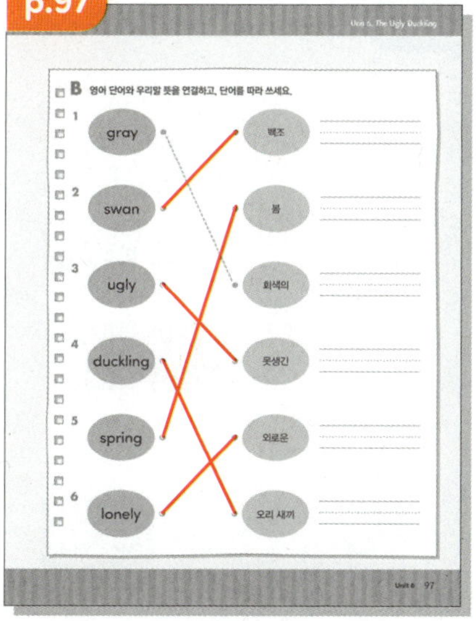

p.104

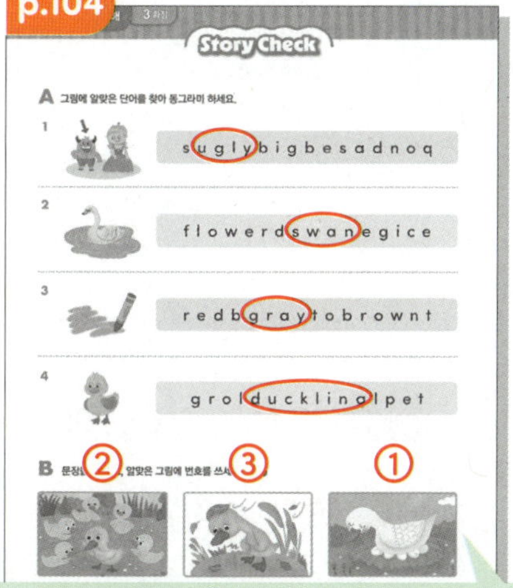

1. A mother duck lays eggs.
2. "No, you are ugly," say the other ducklings.
3. He feels hungry.

p.105

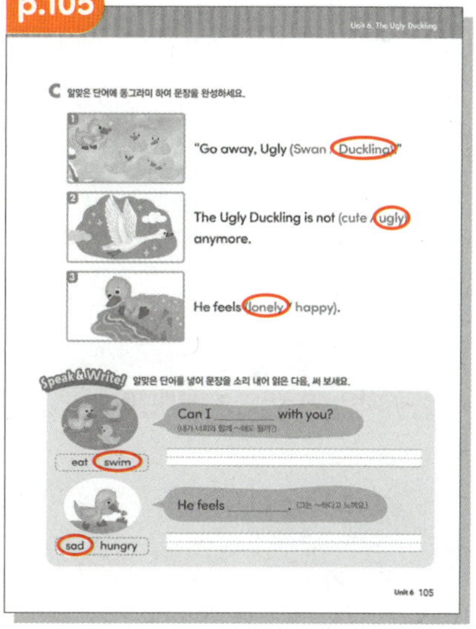

p.106

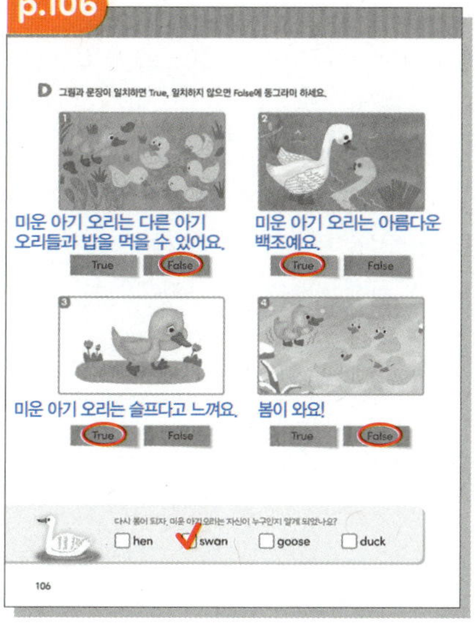

p.107

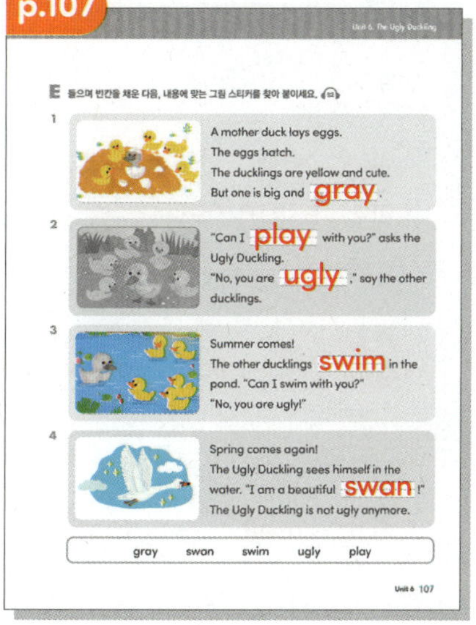

p.109

Review Test 정답

p.59

Review Test ❶ Unit 1~3

Words 그림에 맞는 단어를 찾아 쓰세요. / 10

cap teacher spooky pocket exercise
garden backpack math pajamas noise

1 cap
2 math
3 garden
4 pajamas
5 spooky
6 pocket
7 teacher
8 exercise
9 backpack
10 noise

Review Test ❶ 59

p.60

Comprehension A 문장을 읽고 알맞은 그림의 기호를 쓰세요. / 6

1 This is my grandfather. ⓐ
2 The backpack is red and orange. ⓑ
3 They brush their teeth. ⓑ
4 They hear a noise. ⓑ
5 She is my math teacher. ⓒ
6 He's wearing red pants. ⓐ

60

p.61

Comprehension B 그림을 보고 알맞은 문장에 V 표시를 하세요. / 6

1 ☐ The boots are green.
☑ The boots are purple.

2 ☑ We water flowers and plants.
☐ We make yummy food.

3 ☐ Lily looks under the bed.
☑ Lily looks in the closet.

4 ☑ She is my cooking teacher.
☐ She is my reading teacher.

5 ☐ It's time to wash up.
☑ It's time to sleep.

6 ☑ He's next to the toy store!
☐ He's next to the hospital!

Review Test ❶ 61

p.62

Theme Words 그림을 보고 알맞은 단어를 빈칸에 쓰세요. / 9

Family
❶ brother ❷ mother ❸ sister ❹ father

Colors
❺ purple ❻ green ❼ orange ❽ red

Everyday Actions
❾ sleep ❿ look ⓫ wash ⓬ play

62

p.111

Review Test ❷ Unit 4~6

Words 그림에 맞는 단어를 찾아 쓰세요. / 10

sing lonely soft duckling taste
gray donut desert forest wetland

1 desert
2 lonely
3 duckling
4 donut
5 forest
6 sing
7 soft
8 wetland
9 gray
10 taste

Review Test ❷ 111

p.112

Comprehension A 문장을 읽고 알맞은 그림의 기호를 쓰세요. / 6

1 The Ugly Duckling feels lonely. ⓑ
2 I hear a bird singing. ⓐ
3 I live in the desert. ⓑ
4 I live in the forests. ⓒ
5 I am a beautiful swan! ⓑ
6 It feels soft. ⓐ

112

p.113

Comprehension B 그림을 보고 알맞은 문장에 V 표시를 하세요. / 6

1 ☑ I am a boy and I live on Earth.
☐ I am a boy and I live in the grasslands.

2 ☐ The Ugly Duckling is yellow and cute.
☑ The Ugly Duckling is big and gray.

3 ☑ I see the bright sun.
☐ I see a bird.

4 ☐ Can I swim with you?
☑ Can I eat with you?

No, you are ugly!

5 ☐ You are a lion.
☑ You are a penguin.

Guess what I am!

6 ☑ My tummy is growling.
☐ My tummy is hurt.

I hear something.

Review Test ❷ 113

p.114

Theme Words 그림을 보고 알맞은 단어를 빈칸에 쓰세요. / 9

Seasons & Weather
❶ cold ❷ warm ❸ hot ❹ cool

Wild Animals
❺ tiger ❻ penguin ❼ lion ❽ elephant

Five Senses
❾ touch ❿ smell ⓫ see ⓬ taste

114

"방법이 다르면 결과가 달라집니다"

리딩 실력을 껑충 키우는

기적만의 3-Step 완전학습

기적의 영어리딩

* 전문가가 설계한 6단계 리딩 프로그램으로 빈틈없는 영어 문해력 완성!